給料が上がらなくても、

確実に お金が 増える方法を

教えてもらいました。

富裕層専門カリスマFP
江上 治

あさ出版

はじめに 32歳、お金で悩んでいる担当編集者から読者の皆様へ

とにかく不安でした。

何がって「お金」についてです。

いまの時代、マジメに働いたところでお給料は上がりませんし、ボーナスだって出ればいいほう。周りの友人を見れば、もらえない人たちも少なくありません。テレビをつけたって、将来年金はいま以上にもらえなくなるとか、受給年齢が引き上げられるとか、気持ちがふさぎ込むような話題ばかり……。

これが独身であれば、状況は違ったでしょう。自分の面倒くらい自分でみられるさ、と大口叩いて悠々自適に生活していました。実家暮らしだったら、貯金もできるし、いまより余裕もあります。将来への不安も少なかったでしょう。

でも、現実は違います。

ボクの場合、26歳で結婚して、子どもはすでに2人。

保育園はどこも定員いっぱいなので、奥さんには専業主婦をしてもらって、自分だけが働かなければなりません。

子どもが大きくなれば、自分たちの部屋がほしいと言い出しかねませんし、30歳を過ぎてくると、ローンを組める年齢にも限界がきます。

いろいろ悩んだ末、数年前にはマンションを購入しましたが、これがうちの家計をさらにひっ迫させ、先々のことを考えると、正直不安しかありません……。


さて、いったいどうしようか……。

そんなときにパッとひらめきました。

(そうだ、いまの状況を百戦錬磨のFPに相談しよう。で、それを編集して本にできたら、自分のためにもなるし、仕事にもなる！　一石二鳥じゃないか)、と。

書籍編集という仕事は普段めったにお目にかかれない方々とお会いして、お話をさせていただき、それを本にするのが役目です。

わが家の内情を明かすことには結構な、いや、これを書いている現在も相当なためらいがありますが、あれこれ悩んだって仕方がありません。本が売れなければ、お給料は上がりませんし、このままでは困窮するだけです。

それならいっそのこと腹をくくって、わが家の家計をさらけ出し、お給料が上がらない、いまの世の中で、どうやってお金を増やしていけばいいかを教えてもらおう、そう割り切ったのです。

本書では、私の給与、支出、お金の使い方まですべてを明らかにしました。お金回りに関することすべてです。

ご存じの方も多いでしょうが、「ＦＰ（ファイナンシャルプランナー）」とは、家庭のお金回りに関するプロです。

ざっくりな説明ですが、要は、現時点の収入を踏まえたときに、どうやって収入と支出のバランスがあった生活をしていくべきか、金融商品の取得や見直しによる資産形成、教育や老後など将来の人生設計を含めてサポートをしてくれる人です。

プライベートではあまりＦＰの方にお話を聞いたことはありませんが、せっかく本にするのであれば、プロ中のプロにお願いしたい。それが率直な思いでした。そこでさっそく書籍や雑誌、インターネットなど、さまざまな情報を探しました。

そして見つけたのが、本書の著者、江上治さんでした。

この江上さん、何がすごいって、ＦＰの中でも富裕層専門のスペシャリスト。

つまり、カリスマＦＰとしてお金持ちの人を対象にどうやってお金を運用し、どのようにお金を増やしていくのかを教えている、プロ中のプロなのです。

おそらく、庶民代表の自分が相談に乗ってもらいたいとお願いしても、そうそう受けてはもらえません。

普段であれば、なかなかお目にかかれない人なのです。

でも、幸いなことに自分は書籍編集者。

仕事上の立場を利用してお会いし、お金持ちの人々がやっているお金の上手な増やし方、貯め方、節約の仕方を聞くことができます。

さらにはそのノウハウを、本を通じて多くの人に伝えることができます。

本書はそういった富裕層専門のカリスマＦＰに、ボクがいち庶民を代表してお金を増やす方法を聞いてきたお金の本です。

お給料が増えない。
ボーナスもない。
臨時収入だってない。
このままじゃホントにヤバい。
そんな方は、ぜひ本書をお手に取ってみてください。

ヤバいのはあなただけじゃありません。
ボクも一緒です。
本書を使って、お金の増やし方を学んでいきましょう。

編集担当Ｍ

パーソナルデータ

編集M（32歳）

職業　書籍編集者

特技　本をつくること

家族　妻、長男、長女

収入　400万円

お金に関する賢さ　人並程度

江上治（50歳）

職業

富裕層専門
ファイナンシャルプランナー

特技

お金の使い方、
運用の仕方などお金回り全般

家族

妻、長女、次女

収入

???（とにかくたくさん）

お金に関する賢さ

庶民をお金持ちにランクアップできるほど

¥ 給料が上がらなくても、お金が確実に増える方法を教えてもらいました。──目次

はじめに　32歳、お金で悩んでいる担当編集者から読者の皆様へ……3

1限目

ボクの人生、不安だらけなんです！

お金を増やす方程式は1つだけ …… 16
「ライフプラン」って何ですか？ …… 23
何のためのお金か、「目的」を明確にしよう …… 25
人生の必要経費は、どれくらいあるか？ …… 35
えっ、こんなにかかるの？　準備しておくべき「教育費」 …… 44
「先取り貯蓄法」と「資産三分法」で1000万円を貯める …… 51
目標は10年間で1500万円!?　いったいどこから削る？ …… 56
会社をつくるなら、「勤めながら」がいい理由 …… 63
「副業」は自分のスキルや能力を磨けるものに …… 69
1限目のポイント …… 76

2限目

なんでボクのお金は減っていくのでしょうか？

お金が減ってしまうのは「〇〇」がないから …… 78

貧乏人は「収入」を、お金持ちは「資産」を気にかける …… 80

「自転車」と「ブランド品」、その違いとは？ …… 82

「誰でもいい」で相談するのがダメな理由 …… 87

基準はコレだけ！　相談すべき人の条件を知る …… 90

「100円で1ポイント」に気をつけよ …… 94

貧乏とお金持ちの違いは目的観の有無 …… 98

2限目のポイント …… 102

3限目

お金を上手に「運用する」コツを教えてください

お金持ちになる秘訣は「利率」にあり …… 104
なぜ「複利」で運用することが大事なのか？ …… 107
投資で儲けたお金を生活費に充てるのは非効率 …… 116
目的を持った運用を心がけよう …… 120
「教育費＝学資保険」は貧乏な人の典型？ …… 124
金融商品は「数字」で判断せよ …… 128
リスクがあるからこそリターンが得られる …… 131
大事なのは、「一発逆転」よりも「確実性」 …… 136
1つのカゴに卵を盛るな …… 142
投資先はグローバルに考えるべき …… 147
「時間の分散」にも注目しよう！ …… 150
「ドル・コスト平均法」で毎月コツコツ運用を！ …… 154
3限目のポイント …… 156

4限目

具体的に、金融商品の特徴を教えてください

金融商品は「3つ」に分類できる …… 158
「預金」もじつは立派な金融商品? …… 162
リスクが嫌いな人ほど「国債」がいい理由 …… 168
何がいいの? 「投資信託」の基本 …… 171
儲けるコツは「支出」にあり …… 175
忘れてはいけない「税額」のこと …… 179
ココが怖い、「外貨預金」のリスクとは? …… 184
「株式投資」はなぜハイリスク・ハイリターンなのか …… 188
億万長者か破産か、「レバレッジ投資」を知る …… 194
ちょっと待った! 銀行に騙されるな …… 202
「NISA」っていったい何がすごいの? …… 208
4限目のポイント …… 214

5限目

将来の「不安」はコレで解消できる

老後の漠然とした不安に押しつぶされないために …… 216
人生計画に基づいて、必要な老後資金も考える …… 220
働き続けることで、お金の不安から解放される …… 223
有形資産を築く切り札、「確定拠出年金」 …… 229
最大のメリットは掛け金の所得控除 …… 236
「確定拠出年金」に加入するためには？ …… 241
「見えない資産」をつくるためには？ …… 243
「家族会議」でマネープランを練り直す …… 248
5限目のポイント …… 253

あとがき
江上治から読者の皆様へ …… 254

●編集協力／エディット・セブン
●本文デザイン・DTP／斎藤　充（クロロス）

1限目

ボクの人生、不安だらけなんです！

¥ お金を増やす方程式は1つだけ

「……崖っぷちだね」

「??……何がですか?」

「Mさん一家の収入と支出のデータだよ。収入はMさんの給料24万円のみ。支出はローンが毎月11万円のほか、食費、水道光熱費、教育費……」

「えっ、そんなに少ないはずないですよ。だって年収400万円だったら、月に30万円はある計算ですよね?」

「いやいや、だって税金引かれてるでしょ?」

「引かれてますけど、24万円って手取り額ですよね」

「えっ、そうだけど、なんで？」

「じつはボク、ボーナスを含めて、年間でやりくりしてるから、月の手取り額だけで考えても、あんまり意味ないんじゃないかなって気がしてて……」

「（大きなため息）はぁ……あのね、Mさん。それじゃダメだよ」

「えっ、何がですか？」

「だって、ボーナスが出なかったらどうするの。必ずもらえる保証はないよね？」

「そうですけど、そしたら貯金を切り崩せばなんとかなるし、何年も連続して出ないってことはないかなと……」

「いやいや、その考え方がダメなんだよ」

「？？……」

「いいかい、**お金を貯めたかったら、もらえるかどうかわからない不確実なお金はあてにしないで、まずは確実にもらえる手取り額をベースに考える。**そのうえで、いくら使って、いくら出ていくのかを考えなきゃ」

「でも、ずっとそうやって考えてきたんですけど……」

「じゃあ、そのやり方は今日から忘れようか」

「はぁ……」

「あっ、まだ腑に落ちてないでしょ。じゃあ、もし、お金がすぐに増える方法があったとしたら、Mさんはどうしますか？」

「もちろん、すぐに教えてもらいます！」

「うん、それが、ダメなんだって」

「えー……、何でですか？」

「だって、そんなうまい話あるわけがない。そんな方法があれば、私が教えてほしいくらいです」

「（えーー……）」

「あのね、私がこの本を通じて、Mさんや読者に知ってほしいことはね、お金を増やしたければ、**いまの収入や支出を正確に把握したうえで、甘い言葉に踊らされず、現実的な方法で着実に増やしていきましょう**、ということなんだ」

「でも、お金を増やそうと思ってインターネットで調べると、〝すぐに〟とか〝必ず〟とか〝楽に〟っていう煽り文句がすごく多いですよ……」

「うん、多いだろうね」

「ですよね。それって実際のところ、ホントにそうやって増やせる方法があるからだと思うんですが……」

「まぁ、否定はしないよ」

「やっぱり！　だったらそういう方法を知りたいっていうのは仕方ないですよね」

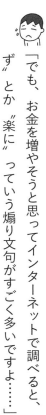

「まぁ、気持ちはわかるよ。ただ、その『増やしたい、増やしたい』っていう前のめりの考え方が危ないんだ。だって、そういう人に限って、すぐにＦＸとか株とかに飛びついてソンをする」

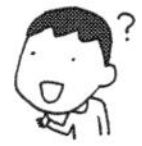

「……でも、ボクだけじゃないですよ。友だちも何かいいお金の増やし方はないかなって探してますし、デイトレーダーで資金を倍に増やしたっていう話も……」

「でも、Ｍさんは、**確実に**お金を増やしたいんだよね。ギャンブルをやって一発当てたいわけじゃないよね」

「……！」

「でしょ？」

「……たしかにそうです。確実に、でした」

「だよね。で、それを踏まえると、確実に、お金を増やす方程式って、世の中に1つしかない。それがこれ」

（収入－支出）＋（資産×利回り）

「（収入－支出）はわかりますけど、（資産×利回り）って何ですか？　そもそも『資産』が何を示すかよくわからないです……。『（収入－支出）×利回り』なら本で読んだことがあるんですが……」

「つまり、一番が収入を増やす。二番が支出を抑える。で、三番目に、貯めたお金（資産）をできるだけ高い利回りで運用するってことなんだけど。じゃあ順番に説明していくから、まずはこの方程式をきちんと覚えておいてほしい。これを知らないで、一発逆転を目指すと、お金が逃げていくから」

「……わかりました」

「ライフプラン」って何ですか？

「まずMさんが確実にお金を増やすためにやらなきゃいけないことがある。それが**『ライフプラン』**をつくることだ」

「『ライフプラン』？」

「『ライフプラン』っていうのは、自分がどういう生き方をしたいのか、なぜお金を稼ぐのか、いつまでにどれくらい稼ぐのかなどを一枚の紙にまとめた計画書のことだよ」

「それがお金を確実に増やすために必要なんですか？」

「そう。私は、どんなお金持ちでも、主婦でも、Ｍさんのようなサラリーマンでも、コンサルタントに入る前に、まずこのライフプランをつくってもらって、これをもとに話をします」

「なんで、ライフプランが必要なんですか？　それがなきゃお金持ちになれないんですか？　なんだか大変そうな気が……」

「まぁ落ち着いて。１つずつ順番に話してあげるから。Ｍさんはちょっとあわてすぎだよ」

「すみません……」

何のためのお金か、「目的」を明確にしよう

「そもそも人生には、『生きがい』と『健康』と『お金』のバランスが大切なんだ。これらをどう考えているか明確にしておかないと、いくらお金を増やそうと思っても、絶対に増えない」

「『生きがい』と『健康』がお金を増やすことと、どう関係あるんですか？」

「だって、『生きがい』がない働くだけの人生なんてつまらないでしょ。『健康』じゃなければ、幸せに毎日を過ごすこともできないし」

「でも、お金を増やすことと関係ないような……」

「じゃあ、質問を変えてみようか。Mさんは将来のことを考えたことがある？」

「……というと？」

「たとえば、Mさんが何歳まで生きて、これからその年齢まで、どんなことをして生きていくか。何をしたいか。子どもたちの高校、大学の入学、卒業時期、結婚の時期、両親の介護が必要になるであろう時期はいつ頃か、とか」

「んー、そこまで具体的にはないですね」

「そっか。でもこうやって自分のやりたいこと、家族のこと、将来について考えてみると、働くうえでのモチベーションにつながるよね。『子どものために、がんばろう！』っていう感じかな」

「……でも、先々のことって、何が起こるかわからないから、予測したり、計画したりするのはムダっていう人もいませんか？」

「当然いるでしょう。でも、そういう人は、海図を持たない難破船のように漂っていけばいい。そんな生き方では、お金は貯まりません」

「難破船って……」

「だって、このライフプランをつくる目的は、いつ、何のために、どれくらい、お金がかかるかを知るためなんです」

「……言いたいことはなんとなくわかるんですが、じゃあ、江上さんの『生きがい』って何なんですか？」

「私の生きがいは、仕事を通してこれまで支えてくれた人たちに恩返しをすることだよ」

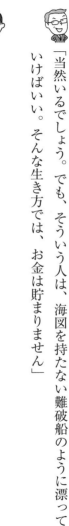

「恩返しが『生きがい』ってすごいですね」

「もちろん、仕事以外にもお金を貯めて将来ゴルフを楽しんだり、家族と一緒に旅行したいっていう思いがあるから、がんばれるんだけどね」

「たしかにそうですよね」

「じゃあ、逆に質問だけど、Mさん、お子さんは何人いるんだっけ?」

「2人です。長男と長女で、6歳と3歳ですね」

「ふむふむ。上の子が高校に入るのは、あと何年後?」

「えっと、16歳で入学するから10年後です」

「……ということは、中学2年、14歳頃には受験に備えて塾に通い出すだろうから、Mさんは8年後を目標にお金を貯めなきゃいけない。高校、大学でお金はかかるし、3歳の妹さんだってすぐに後を追ってくる。でも、お金がないから大学はあきらめてくれってなったら、お子さんたちはきっとショックを受けるよね」

「ですね、親としても悲しいです」

「でも、ライフプランをつくっておけば、いつまでに、どれくらいのお金が必要になるかわかるから、前もって準備しておけるよね」

「そう言われると、たしかに『生きがい』や『健康』って大切ですね。モチベーションにも関わるし、病気になったら働けないし、お金を増やすっていう行為がライフプランに関係してくる……」

「でしょ」

「……でも、その考え方だと、お金を増やしたければ無計画じゃダメってことですよね？　つまり、目的を考えて行動しなさい、と……？」

「その通り！　目的もなく、ただお金、お金と言っている人は、お金の亡者。『何のために』という目的がないから、お金が貯まらないし、増えていかないんだ」

「（ははは、お金の亡者って……）」

「**お金とは、あくまで人生を豊かにさせる『手段』であって、『目的』じゃない。**お金のために働く人生なんて楽しくないでしょ？」

「でも、子どもの教育費とか親の介護とかを考えると、どうしても将来が不安になって、つい、お金があったらなぁ……って考えちゃうんですけど……」

「気持ちはわかるよ。でも、そこから早く脱却しなきゃいけない。だからこそ、まずはライフプランをつくることが大事で、そのための現状分析なんだ」

「はい」

「これを見てごらん。じつは私のほうでMさんと奥さん、お子さんの年齢などから、**『年度別収支別表』（図①）**をつくってみたんだ」

「何ですか、それ？」

「簡単にいえば、Mさん一家のお金の流れを示したものだね。Mさんにはこの表の前半部分、上の子が小学校のところを見てほしい。じつはこのあたりから、家計がもうマイナスになっているんです」

「えっ、ホントですか!?」

（単位：万円）

26	27	28	29	30	31	32	33	34	35	36	37
58	59	60	61	62	63	64	65	66	67	68	69
58	59	60	61	62	63	64	65	66	67	68	69
32	33	34	35	36	37	38	39	40	41	42	43
29	30	31	32	33	34	35	36	37	38	39	40
650	650	650	0	0	0	0	0	0	0	0	0
0	0	0	0	0	0	0	0	0	0	0	0
0	0	0	0	0	0	0	175	175	175	175	175
0	0	0	0	0	0	0	78	78	78	78	78
0	0	0	0	0	0	0	0	0	0	0	0
650	650	650	0	0	0	0	253	253	253	253	253
60	60	60	60	60	60	60	60	60	60	60	60
132	132	132	0	0	0	0	0	0	0	0	0
20	20	20	20	20	20	20	20	20	20	20	20
0	0	0	0	0	0	0	0	0	0	0	0
12	12	12	12	12	12	12	12	12	12	12	12
36	36	36	36	36	36	36	12	12	12	12	12
125	125	130	73	12	12	12	18	18	18	18	18
124	124	124	100	100	100	100	80	80	80	80	80
509	509	514	201	240	240	240	202	202	202	202	202
141	141	136	−201	−240	−240	−240	51	51	51	51	51
141	141	136	0	0	0	0	51	51	51	51	51
0	0	0	0	0	0	0	0	0	0	0	0
418	559	695	494	254	14	−226	−175	−124	−73	−22	29

家計がマイナスに

図①　年度別収支別表

経過年数		1	2	3	4	5	6	7	8	9
家族	M編	33	34	35	36	37	38	39	40	41
	妻	33	34	35	36	37	38	39	40	41
	長男	7	8	9	10	11	12	13	14	15
	長女	4	5	6	7	8	9	10	11	12
収入	世帯主収入	400	412	424	436	448	460	472	484	496
	配偶者収入	0	0	0	0	0	0	0	0	0
	世帯主年金									
	配偶者年金									
	その他収入	24	24	24	24	24	24	24	24	24
収入計①		424	436	448	460	472	484	496	508	520
支出	生活費(食費・雑費)	45	50	55	60	60	60	60	60	60
	住宅ローン	132	132	132	132	132	132	132	132	132
	水道光熱費	18	18	18	20	20	20	20	22	22
	教育費	54	54	54	80	84	84	90	90	90
	保険料	12	12	12	12	12	12	12	12	12
	自己投資・趣味etc	12	15	15	36	36	36	36	36	36
	税金・社会保険料	72	74	76	82	84	89	92	98	103
	その他(通信費・小遣いetc)	55	57	62	62	62	62	62	62	62
支出計②		400	412	424	484	490	495	504	512	517
年度別収支①－②		24	24	24	−24	−18	−11	−8	−4	3
預貯金		12	12	12	0	0	0	0	0	1.5
学資他・満期金		12	12	12	0	0	0	0	0	1.5
金融資産		24	48	72	48	30	19	11	7	10

家計がマイナスに

「マイナスになっているのは、税金と教育費が増えてるから。下のお子さんが小学校に入ることで、習い事をはじめ、どうしても教育費がかかってしまうんだ。それと、後半部分を見てほしい。これはどの家庭でも共通してて、60歳まで収入が増えていくけど、ここで一挙にマイナスになるんです」

「定年だからですよね……」

「その通り。こうしたことを全部、数字で考えないといけない。だから、今度はMさん自身に、自分の人生、家族の状態を考えてもらいながら、この本の冒頭にある『**人生計画書**』と『**ライフプラン表**』をつくってもらいたいわけです」

「これ、全部ですよね……」

「そう。いつ、何のために、どれだけのお金が必要か、その金額をどのように貯めるか、増やしていくか、を確かめるためにも」

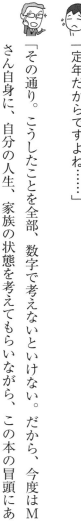

「とっても大変そうなんですけど……」

「まぁ『人生計画書』は、難しく考える必要はないですよ。自分の人生はこうあってほしいと思ういまの気持ちを素直に書いてください。『ライフプラン表』は、見通せる将来の出来事だから、簡単だよね」

「はい、やってみます……」

￥ 人生の必要経費は、どれくらいあるか？

「どう、できたかな？」

「……一応、つくってみましたけど、いかがでしょうか（図②）（図③）」

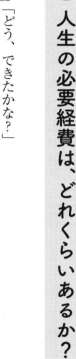

記入者名　M編

●ロードマップ

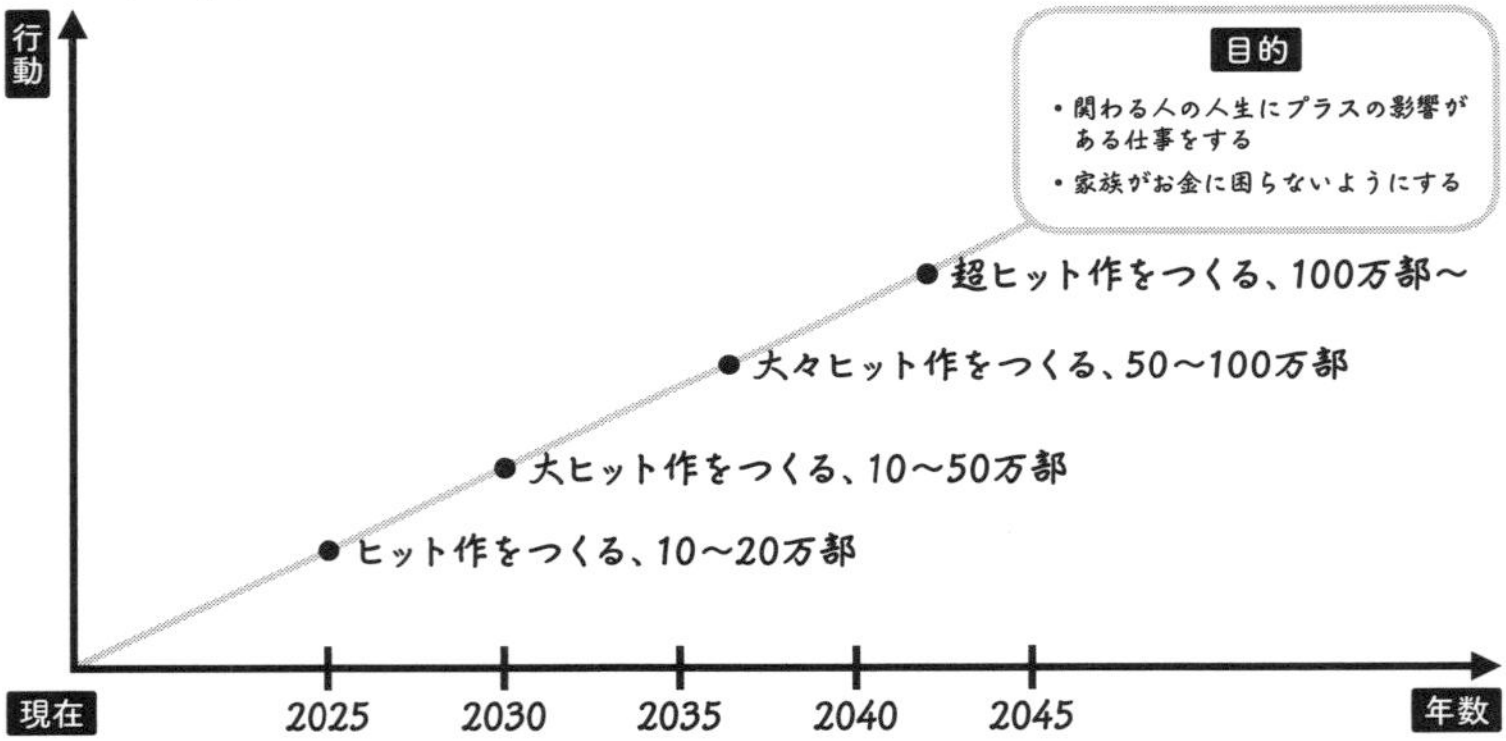

●過去の棚卸　あなたの人生の年表をつくりましょう。

西暦年	自分や家族の出来事	心情や社会の出来事
1984	誕生	
2007	T社入社　編集・営業	社会の荒波にのまれ、おぼれる
2010	结婚 長男誕生	親となってマジメに生きる覚悟を持つ
2013 2014	あさ出版入社 長女誕生	本づくりの奥深さを経験する
2017	現在	

図② M編の「人生計画書」

記入日 2017年 2月 20日

●人生で成し遂げたい目的

目的 GOAL

- 関わる人の人生にプラスの影響がある仕事をする
- 家族がお金に困らないようにする

↓

理由・動機 MOTIVATION

- 本を通じて社会や人を幸せにするため
- プライベートを充実させるため

↓

期限 TERM

60歳

↓

方法 HOW-TO

- 読者に必要とされる本づくりをしていく
- 資産形成をしていく

↓

継続・習慣化 HABIT

- 売れている本の研究や勉強をする
- 貯蓄をする

●現在の資産

技能・人脈・資金・時間

- 本をつくること
- ライティング
- 出版業界の仲間

●未来の設計

終了予定日 2044年 12月 31日 60歳

年齢: 0歳 40歳 50歳 60歳 70歳

資産: 2000万 3000万 4000万

	2035年	2040年	2045年	2050年	2055年	2060年
	76歳	81歳	86歳	91歳	96歳	101歳
→	→	→	→	86歳 大往生		
介護	介護					
	76歳	81歳	86歳	91歳	96歳	101歳
		→	→	→	→	100歳 大往生
		介護				
	51歳	56歳	61歳	66歳	71歳	76歳
	51歳	56歳	61歳	66歳	71歳	76歳
	25歳	30歳	35歳	40歳	45歳	50歳
→						
	22歳	27歳	32歳	37歳	42歳	47歳
→	→					
大学						

図③ M編の「ライフプラン表」

	2017年	2018年	2019年	2020年	2025年	2030年
父	58歳	59歳	60歳	61歳	66歳	71歳
ライフイベント						
母	58歳	59歳	60歳	61歳	66歳	71歳
ライフイベント						
本人	33歳	34歳	35歳	36歳	41歳	46歳
ライフイベント						
妻	33歳	34歳	35歳	36歳	41歳	46歳
ライフイベント						
長男	7歳	8歳	9歳	10歳	15歳	20歳
ライフイベント	小学校				中学、高校、大学	
	教育資金					
長女	4歳	5歳	6歳	7歳	12歳	17歳
ライフイベント	幼稚園			小学校		中学、高校、
	教育資金					

「……。私のと比べると、ずいぶんシンプルだね」

「なかなか、言葉が思い浮かばなくて……」

「まぁ、自分の人生は自分で創る、というのを心に刻むのがいちばんの目的だから細かいところは気にしなくていいよ」

「どんな人生にしたいかなんて、初めて考えました……」

「『ライフプラン表』は将来のお金を考えるためにも重要だから、つくっておくと便利だよ。どこで支出が増えるのかも予測できるしね」

「そうですね。いちばん気になったのは、やっぱり教育費ですね。上の子と下の子の中学、高校入学が同時期にあるので……」

「息子さんが中学入学から大学卒業するまで、約10年間。さらに3年差で下の娘さんが続く」

「ダブルで10年間……。紙に書いてみるとリアルな現状ですね……」

「2人が社会人になるまでは、けっこうな額の教育費がかかるね」

「ですね……」

「人生の必要経費はほかにもある。たとえば、娘さんの結婚とか。披露宴の費用を援助してほしいと言われたら、それなりに応えなくてはならないよね。両親の介護だってあるかもしれないし」

「ははは、……でもノープランではないですよ」

「何か準備はしているの？」

「もちろん！　一応、学資保険に入っています。２人がそれぞれ18歳になったときに１２０万円ずつ、支払われることになってます」

「……ほかには？」

「えっと……銀行の積み立てで１万円ずつ貯金しています」

「……ということは、毎月いくら貯金してるの？」

「約２万円ですかね」

「いやいや少ないでしょ……」

「そんなこと言ったって、厳しいんですから仕方ないですよ～……」

「ま、たしかにゼロよりはね。じゃあ、学資と毎月の貯金がMさんの家庭の資産、教育のための準備金ということだね」

「はい、ホントはもっと増やしたいんですけどね……」

「でも、やり方によってはまだまだ増やせる余地があるから、そんなに深刻にならなくても大丈夫だって」

「はぁ……」

「問題は、給料も増えないとして、それで間に合うかどうか、いまの状況をきちんと知ることだ」

えっ、こんなにかかるの？ 準備しておくべき「教育費」

「じつは、教育費を調べてきたんだよ。これを見たらわかる通り、進路によって支出にけっこうな差が出ることがわかるよね？（図④）」

「私立だとうちは破産ですね。ぜんぶ公立を目指しますけど」

「ただ、本格的にお金がかかるのは大学だから。大学昼間部の1年間の学費は、平均で国立約67万円、公立約68万円、私立約１３２万円」

「入学金と初年度の授業料は、学資保険の１２０万円で、２人とも、ほぼ大丈夫だと思いますけど……」

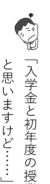

図④　子どもの教育費にかかる違い

（注）学費：授業料、その他の学校納付金、就学費、課外活動費、通学費の合計
※独立行政法人日本学生支援機構「平成24年度学生生活調査」より

「でも、次年度以降も授業料はかかるよ。大学4年間でかかる費用は、私立文系で約385万円、私立理系や医歯系になると、もっとかかる。私立理系なら授業料や施設設備費が文系より高いから500万円を超すし、さらに私立医歯系なら、6年間の費用が2200万円を超えるからね」

「いやぁ……そうなると、宝くじを当てるしかないですね。学資と細々した貯金だけでは、とてもまかなえません……」

「しかも、遠方の大学に入れば、下宿やアパート生活だ。そうなれば、住居費や食費などで、年間100万円以上余計にかかるだろうね」

「なんでそんなに不安を煽るんですか……。心配になってきました」

「いや、不安にさせたくて、こうしたことを話しているわけじゃないよ。数字ですべて出ているんだから、あとはその対策を考えるだけってことだよ」

「そうですけど……」

「対策を考えずに、いきなり困難な問題に直面すると、人間、後先考えずに借金をしてしまう。奨学金を利用しろという人もいるけど、日本の奨学金は、ほとんどが教育ローン、つまり借金だからね」

「ですよね……。じつはボクも大学時代に奨学金をもらっていたので、いま苦労して返してますよ」

「あっ、そうなんだ。奨学金はいくら返してるの？」

「月々1万円ですね」

「なるほど、ほかには何か支払いとかある？」

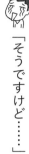

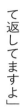

「あとは、スマホ代や幼稚園とかの教育費、お小遣いなどですかね」

「ふむふむ。ということは、Mさんの現状を整理すると……、こんな感じかな？**（図⑤）**」

「ははは……、あまり直視したくない現実ですね……」

「うん、この状態だと、なかなかきついよね。ちなみに、雑費とか足りない部分はボーナスや貯金を充てていた感じなのかな？」

「そうですね、あとは児童手当てとかですね」

「なるほど。ちなみにもう少し先のことを見据えた場合、親の介護とかが出てくるんだけど、Mさんのご両親は、いま何歳？」

図⑤　M編の家計簿

年収400万円・32歳・子2人
手取り24万円の家計簿

住宅ローン	110,000円
食費	25,000円
水道光熱費	15,000円
通信費（スマホ・PC） ※スマホ代はM編のみ	11,000円
教育費（幼稚園・習い事）	45,000円
学資保険	10,000円
定期積立	10,000円
お小遣い（夫婦合算）	25,000円
奨学金	10,000円
雑費	15,000円
ボーナス・児童手当て・貯金から充当	▲36,000円〜

「57歳です」

「すると30年後、Mさんが62歳になったとき、87歳の両親を施設に入れなくてはならないとなったら、どうする？　貯金がないと、借金するしかないんだよ」

「……絶望ですね。想像したくないです」

「高齢になってから、消費者金融でお金を借りてしまって、どうしようもなくなった人を私はたくさん見ている。こういった先のことまで見据えて準備しておかないと人生は苦しくなるからね」

「はい。いまから、準備しておきたいです」

¥「先取り貯蓄法」と「資産三分法」で1000万円を貯める

「じゃあ、ここでさっきの、『お金持ちの方程式』を思い出そうか」

「えっと……、『（収入－支出）＋（資産×利回り）』でしたっけ？」

「おぉ、よく覚えてたね。その通り。お金を増やしたければ、まず『収入－支出』の部分を考える必要がある。つまり、たくさんのお金を貯めなくてはならない」

「はい」

「貯めるためには、収入を多くして、支出を少なくする。この方程式も変えようがない。ただ、強制的にお金を貯める方法として、昔、東京帝大の本多静六農学部教授が考えた『先取り貯蓄法』というのがあるんだ」

「先取り？……ですか」

「給料の４分の１を、とにかく引き抜いて貯金してしまうわけ。手取り24万円なら６万円。有無を言わさず、貯金する」

「え？……４分の１もですか!?」

「本多博士は、現代の価値にして月給が21万３０００円のとき、その４分の１、５万３２５０円を貯金し、残りの16万円を家族９人の生活費に充ててたんだよ」

「16万円で家族９人ってすごいですね、一人当たり２万円も使えませんよ……」

「すごいでしょ？　25歳のときには、２４０万円ほどの年収しかなかったけれど、この方法で60歳までに１００億円の資産をつくり、そのうちの99億円を寄付した」

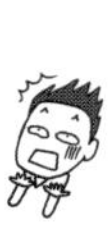

「寄付!?　自分で使ってないんですか?」

「使ってないんだよ。本多博士は良いことを言ってて、『人生に計画は必須のものだ』と断言している。つまり、そのポリシーで、先取り貯蓄法を考えて実践したんだね。どう、Mさんも、やってやれないことはないと思うけど……。この方法だったら1000万も夢じゃないよ」

「(えっ、ノーとはいえない雰囲気なんだけど)……でっ、でも、そこまでしないと、貯まらないんですかね、お金は……」

「決まった収入で、お金を貯めたければ、本多博士のように、強制的に天引きして、残金で生活するしかないね。じつは、私もサラリーマン時代から、本多博士にならって先取り貯蓄を実践しているんだよ」

「あっ、そうなんですか」

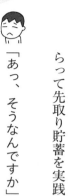

「はじめはきつかったけど、慣れてしまえば、その生活が普通になる。お金が貯まる実感も味わえるし、きつさよりはかえって充実感がある。お金が貯まれば、いわゆる『資産三分法』も実践できるし」

「……資産さんぶん法？」

「つまりお金を、生活費のようなすぐに使うお金、定期預金などで安全に運用する将来のための貯金、それから投資にまわすゆとり資金、の3つに分割して、資産を増やす考え方だよ（図⑥）」

「でも、ボクの場合、現実的に厳しくないですか？　さっき江上さんに整理してもらったとおり、けっこうギリギリですよ……」

「だよね」

図⑥ 「先取り貯蓄法」と「資産三分法」とは？

本多静六博士の場合……

先取り貯蓄法

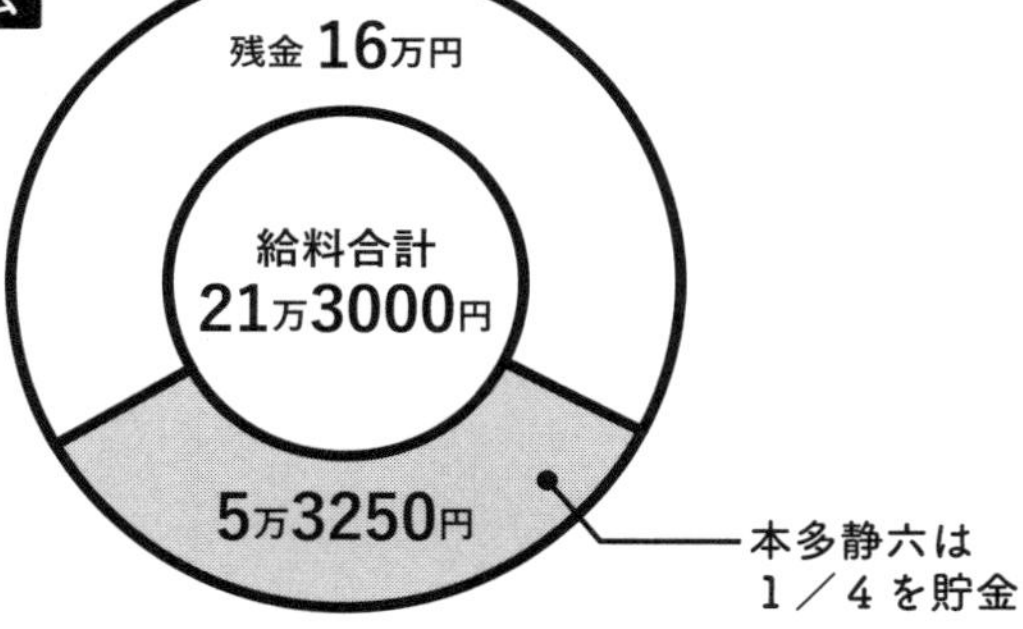

資産三分法

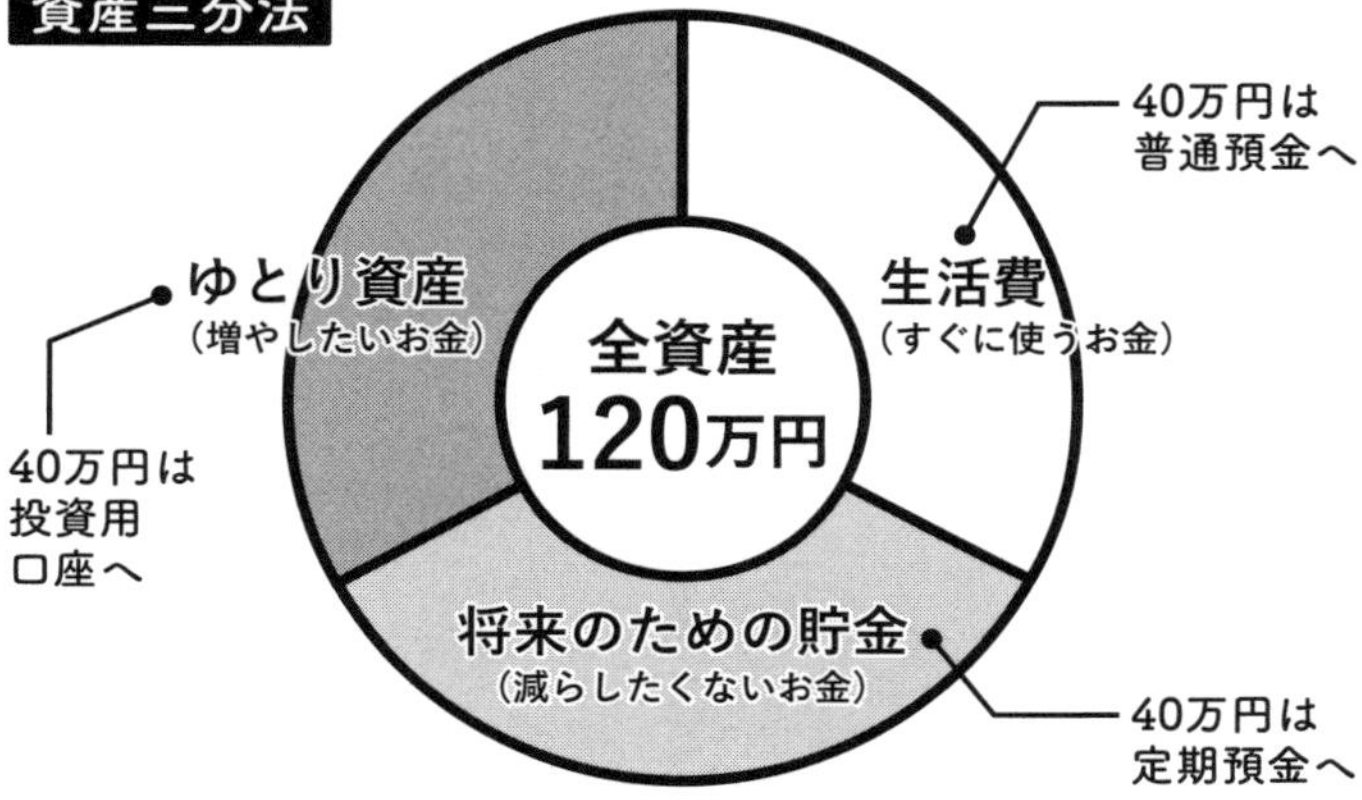

資産を分けることで、安定的に貯蓄も投資もできる！

「だよねって……。何か、ボクに合った方法はないんですか？」

「ありますよ、もちろん」

¥ 目標は10年間で１５００万円!?　いったいどこから削る？

「Mさんの場合、十数年先にお子さんの教育費としてまとまったお金が必要になる。……とすると、じゃあ10年間で１５００万円貯めることを目標にしようか」

「10年で１５００万円！　ハードルが高すぎないですか……」

「具体的な目標がないと、やる気が生まれないからね」

「（大丈夫かな……）じゃあ、それでお願いします」

「わかった。ただし、最初に言っておくけど、先取り貯蓄法と負けず劣らずの、固い決意がなくては、お金は貯まらないし、増えない。必ずやり遂げるという決意は、固めておいてほしい」

「……わかりました」

「よし、そしたら、すぐにできることから言うと、支出をもっと減らせないか、考えてみよう」

「もう、ギリギリまで節約しているんですが……」

「ホントにそうかな。たとえば、家計の支出は、固定費と変動費に分けられるけど、まず固定費を削減できないか考えてみよう。一度、費用が発生すると、なかなか削るのが難しいんだけど、こういう機会にホントに必要な出費かどうかチェックしてみたほうがいい」

「江上先生……」

「んっ？　どうしたの？」

「あのー……、固定費と変動費って何ですか？？」

「……。よし、まずはそこから説明しようか」

「すみません……お願いします」

「まず支出は、大きく2つに分けられるんだ。それが『固定費』と『変動費』。**固定費は一定額で定期的に出ていくお金**だね。たとえば、家賃とか住宅ローン、水道光熱費、電話代、保険料がある**（図⑦）**」

「毎月決まった支払いってことですね」

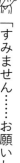

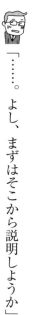

図⑦　家計における固定費と変動費

固定費（毎月、必ず一定額を支出するもの）

家賃	NHK受信料
ローン返済	新聞購読料
光熱費（ガス・電気）	生命保険料
水道料	クレジット返済（リボルビング払い）
駐車場代	税金
スマホなどの通信費	習い事（月謝）
プロバイダー料	授業料

など

変動費（月ごとに変化する支出）

食費	医療費
嗜好費	ガソリン代
被服費	レジャー費
交際費	美容費
生活雑貨費	お小遣い
衛生費	

など

「そう。で、『変動費』っていうのが、**不定期で、支出額が一定ではないお金**だね。食費とか交遊費、医療費、お小遣いも」

「つまり、突発的に支払いがあるのが変動費。で、まずは固定費を見直すってことですよね。となると……、スマホの料金とかパソコン代とかはプランを見直せば削れるかもしれません」

「電気だって新電力に切り替えたほうが安くなるよ。それから、支出には、コンビニでつい何かを買ってしまう使途不明金もある。通帳などを見ながら、精査したほうがいいですよ」

「そういえば、銀行から、金利が低くなったからローンの借り換えをしませんかって連絡があったんですが、これもやるべきなんですか？」

「それは検討したほうがいい。ただし、検討はち密にね」

「ち密?」

「お金は、全部、数字なんです。数字をすべて厳密に見なくてはならない。金利がどれだけ低くなるのか、これまでと比べて返済総額はどれだけ安くなるのか、金利は変動か固定か、手数料はいくらか」

「……はい。ちゃんとチェックします」

「Mさん、タバコは? それから酒とか車は?」

「タバコは吸いますね。月2箱程度ですけど。酒は付き合いで飲む程度で、車は持ってません」

「お金を貯めるつもりなら、タバコはやめたほうがいいでしょ。健康にもいいから、奥さんも子どもも喜ぶよ」

「そうなんですが、やめられる自信がないです」

「まぁ、かくいう私もタバコを吸うし、やめるつもりもないから、難しかったら、そこは仕方ないね。倹約、節約で切り詰めると、生活の楽しみをなくしてしまって、人生面白くないし、続かなくなるからね」

「（そこは自分に甘いんだ……）ほかに削ってはいけない項目ってあるんですか？」

「たとえば、本代や通信教育費みたいな、自分磨きの出費は自己投資だから削ってはいけない。ただそうすると、あまり削るところがなくなってくるから、あとは収入を上げるしかないってことになるね」

「そうですよね……」

会社をつくるなら、「勤めながら」がいい理由

「収入を上げるには、どうしたらよいか。いちばんいいのは、給料がぐんと上がることなんだけど、社長に掛け合ったことはあるかな？」

「え？」

「売上を上げるから給料を月５万円、上げてくださいって」

「それは、ちょっと……」

「どうしてやらないの？　ビジネスマンの王道は、いまの仕事で高く評価されることなんだから非現実的かもしれないけど、もっと多く報酬がもらえるようにアピールしていかなきゃ」

「そうはいっても現実的に難しくないですか……」

「でも、10年で１５００万円を貯めるんだよね。そしたら可能性があることはやらなきゃ。給料が増えて、貯金できる額も増えれば、10年後に大きな差になるし」

「そんなに変わりますかね？」

「あ、10年という年月を軽く見てるでしょ。だったら、Mさんの年収が４００万、６００万、１０００万の場合、貯蓄にどれだけ差が出てくるかを教えてあげよう」

「えっ、何ですか。その笑みが怖いんですけど……」

――数分後……

「待たせたね。この表（図⑧）を見てごらん。年収の違いだけでこんなに差が出る」

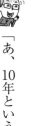

図⑧ M編の家計簿をもとにした年収400万、600万、1000万での貯蓄額の違い

毎月11万円の住宅ローンを支払う、4人家族の場合

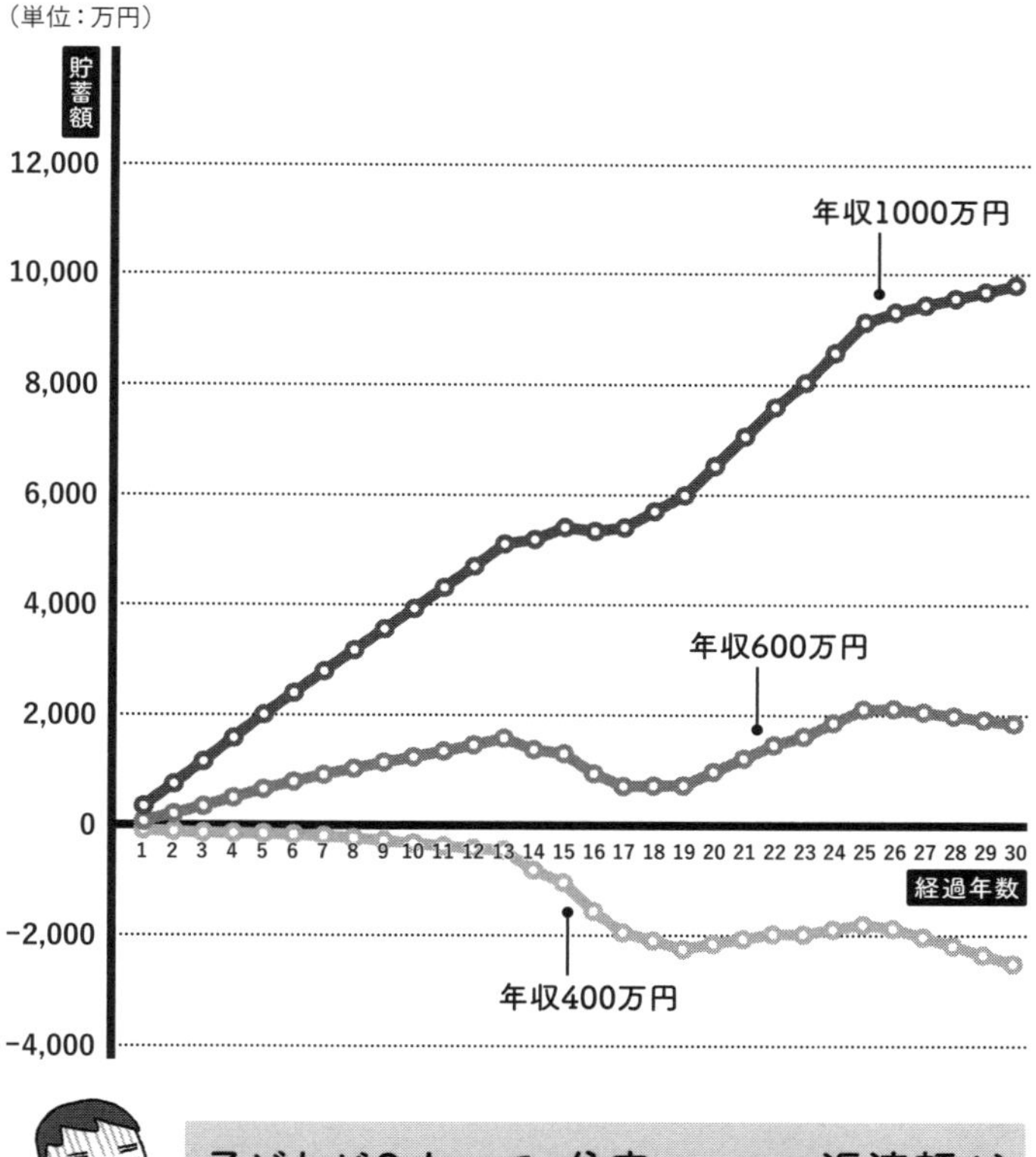

子どもが2人いて、住宅ローンの返済額が同じという条件下でも、長期的に見れば、これだけの差が生じてくる

「げっ、マジですか……」

「(ニヤリ)マジだよ。お金が増えない人は、長期的なビジョンでお金を増やそうという発想がない。『時間』を味方につけようとしないから、お金が増えないし、貯まらないんだ」

「たしかにすぐに増やすことばかり考えてました……」

「それじゃダメだよ。まずは長期的に考える。で、そのためにも収入の源となる給料アップの交渉ができないかを考えるべきなんだ」

「給料アップの交渉かぁ……。そうなると、仕事で高く評価されていることが前提になりますよね……」

「まぁ、評価されてないよりは、されてたほうが交渉しやすいだろうね」

「じゃあ、仕事で高く評価されてなかったらどうすればいいんですか？」

「そしたら、次に考えるべきは副業だな」

「副業ですか。でも副業は認めないっていう会社、多いですよね……」

「そんなことないよ。最近は副業を認めるところが増えてきてるし、ずいぶん前に、『週末起業』という本だって売れてた。サイドビジネスで稼いでいるビジネスマンは多いんじゃないかな」

「でも、働きながら会社をつくるって難しくないですか……」

「それは思い込みだよ。今日、Ｍさんが来る前までいた相談者は、ビジネスマンだけど、不動産管理会社をつくって、奥さんを社長にしてるって言ってたし」

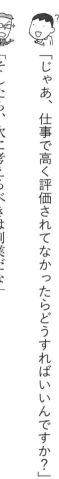

「不動産管理……」

「不動産管理をしたかったら、まずは２０００万円貯める。さらに銀行からお金を借りてアパートを買うんだよ。で、うまくいけばその収入が、毎月１００万近くあるからローンを返し終わったあとでも、かなりの額が手元に残ってるんだ。これが会社からの給料とは別の収入になるんだよ」

「収入源が2つあるのはいいですよね」

「会社をつくるメリットはね、必要経費が認められることなんです。自分と奥さんの人件費のほか、事務所費、接待費、交通費などの名目をつけて経費を計上すれば、ほとんど税金は払わなくてもいいようになる」

「……うらやましいですけど、アパートを買うためのお金が必要だし、ボクのような人間には夢のまた夢じゃないですか」

「そうだけど、だからこそ副業してでも、お金を貯めなくてはいけない、という話だよ。あの多額の教育費を準備しておくためには、10年で１５００万円を目指す必要があるって、さっき言ったよね」

「あ、はい……」

¥「副業」は自分のスキルや能力を磨けるものに

「さて10年で１５００万円を目指すためには、少なくとも、毎月10万円の貯金をしなくてはならない。とはいっても、いきなりそんな話をされてもピンとこないよね。そこでMさんのために年率の比較表を持ってきたから、参考のために見てごらん」

「毎月10万円ずつ積み立てると、年利が0％でも1200万円貯まりますね。あっ、年利が5％だと、1500万円を超えますよ！　すごい、年利の違いってこんなに大きいんですね……（**図⑨**）」

「まぁ、現時点ではお金がどれくらいの額で増えるか、可能性がわかればいいよ。あとで複利についても詳しく教えてあげるよ」

「お願いします。でも10年でけっこうな金額になるんですね。この表を見ると、ちょっと希望がわいてきました」

「じゃあ、希望が出てきたら、元気を出して10万円を稼ごうか。これまでに学資で1万円、ほかに1万円余りの貯金をしている。10万円の貯金をするためには、あと8万円、副業で稼がなくてはならない」

「あと8万円も増やせますかね……」

図⑨　年率の比較表

もし10万円を運用したら……

（単位：万円）

年数	0％	1％	3％	5％
1	120	121	124	126
2	240	244	251	258
3	360	367	382	397
4	480	492	517	543
5	600	618	656	696
6	720	746	799	857
7	840	874	947	1,026
8	960	1,004	1,099	1,203
9	1,080	1,135	1,256	1,389
10	1,200	1,268	1,417	1,585

385万円の差

**同じ10年間でも
年利が違うだけで、
大きな金額の差が生じてくる**

「Mさんだけでダメなら、奥さんに働いてもらうことも考えればいい。Mさんが月に4万円、奥さんが4万円。これなら、なんとかなるんじゃないかな」

「月に4万円。どんな仕事で稼いだらいいのか……」

「あのね、お金を稼ぐって、わらしべ長者のやり方なんです」

「わらしべ長者?」

「日本の有名なおとぎ話だよ。ある男がまずわらしべ（藁《わら》）を手に入れて、その先に虻《あぶ》をくくりつけて歩いていたら赤ん坊のおもちゃにほしいと言われて、ミカンと交換する。そのミカンを、やがて布と交換する。……こんなふうに次々と交換をして、最後、お金持ちになるというお話」

「その話のどのあたりが、お金を稼ぐことと関係あるんですか?」

「つまり、**お金を稼ぐというのは、自分の持っている価値を、ほしいという人に与えて、お金と交換するっていうこと**だよ」

「あっなるほど！」

「もし、どうやって稼げばいいかわからなくなったら、まずは自分が持っている価値を考えることだね。『スキル』や『能力』あるいは『時間』も立派な価値だ。副業だって、スキルや能力を磨きながら稼ぐのがベストだよ。自分への投資にもなるし。まずは自分のスキルや能力を書き出してみたら？」

「なるほど。自分のスキル、能力……。といっても、限られたものしかないですけど……。時間でいえば、平日はともかく、土・日の2日間なら使えますね」

「土・日だけでも、月に8日間もある。うまく使えば、4万円以上稼げますよ。奥さんはなぜ働いてないの？」

「下の子がまだ小さいんで。1、2年経てば、大丈夫だと思いますが……」

「家でできる仕事を探せば、稼げるんじゃないかな。実際、私のメルマガは、録音した話を文章の得意な人に書きおこしてもらっている。彼女は、それで月に7万円も稼いでいるよ」

「へー、たしかにやり方によっては稼げるかもですね」

「朝早く起きて、新聞配達しても、4万円は稼げるんだから、そういう可能性も探ってみたらどうかな？　いまは子育てを優先して2年後から、と決めておいて、それまではMさん一人で頑張ってみるのもいいかもね」

「たしかに、そうやって整理しながら考えていけば、なんとかなるのかなって思ってきました」

「でしょ。少しは希望が持てたかな？」

「そうですね。最初はお先真っ暗でしたけど、やり方はあるし、まったく希望がないわけじゃないんだなって思えるようになりました」

「そうだね。不安になるのは、何をどうしていいかわからないっていう漠然とした思いが原因だからね。でも、自分がいつまでに、何をしなきゃいけないかがわかると、徐々に希望が見えてくる」

「はい、かすかですけど光が見えた気がします」

「それはよかった。具体的にできることが見つかったら、その光はもっと大きくなるだろうから、まずは考えてごらん」

「はい。どんな仕事ができるか、ちょっと考えてみます」

1限目
ボクの人生、
不安だらけなんです！

ポイント

- お金持ちの方程式は、「（収入ー支出）＋（資産×利回り）」
- お金は「目的」ではなく「手段」と心得る
- お金を確実に増やしたければ、まず「ライフプラン」をつくる
- 『人生計画書』『ライフプラン表』で必要なお金の額を知る
- 子どもがいる家庭は、早いうちから「教育費」に備えるべき
- 貯金は、収入から天引きする「先取り貯蓄法」がいい
- 固定費と変動費のうち、まずは固定費の削減を検討する
- お金を増やすときは、「時間」を味方にせよ
- 副業は自分の「スキル」「能力」を磨けるものがいい

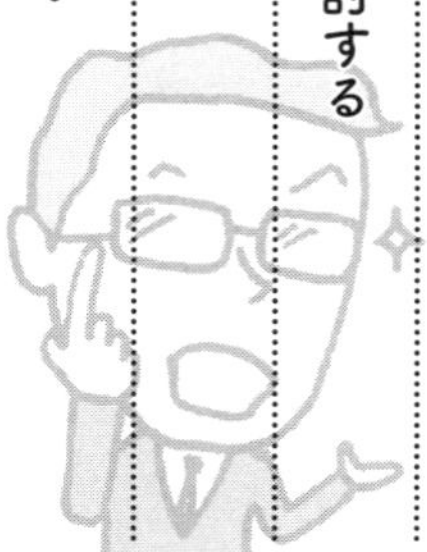

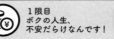

2限目

なんでボクのお金は減っていくのでしょうか？

お金が減ってしまうのは「〇〇」がないから

「さて、じゃあ、あらためて、『お金持ちの方程式』を思い出してほしいんだけど、覚えてる？」

「えっと……、『（収入−支出）＋（資産×利回り）』ですよね」

「そうそう。この方程式の『収入−支出』に関しては、さっき説明したよね」

「えっと……、給与アップや副業で収入を増やす、支出は固定費と変動費をできる限り見直して削る……、ですよね？」

「うん、あってるよ。でも、じつはこのままだと、Mさんのお金はあまり貯まらず、減ってしまう可能性があるんだ。なぜかわかる？」

「全然わかりません。というか、わかってたら、江上さんにお金の相談してないです……」

「まっ、それもそうだね」

「なんでこのままだとボクのお金は貯まらないんでしょうか？」

「それは〝あるもの〟がないからなんだ」

「〝あるもの〟？？」

「何だと思う？」

「もったいぶらないで教えてくださいよ～……」

¥ 貧乏人は「収入」を、お金持ちは「資産」を気にかける

「それは『資産』だよ」

「資産？　そういえば、最初に『お金持ちの方程式』を教えてもらったときにもずっと疑問だったんですけど……」

「ずっとわからないなって顔をしてたもんね」

「何で資産がないとお金が増えないんですか？　そもそも資産って何ですか？」

「まず大前提として、貧乏な人とお金持ちには『大きな違い』があるんだ」

「違い？」

「そう、それが、**貧乏な人は『収入』を、お金持ちは『資産』を気にかける**っていうことだ」

「いやいや、江上さん。いち庶民を代表して言わせてもらいますけど、貧乏な人間だって資産のことは気にかけてますよ」

「ホントに？」

「（あっ、悪い顔してる……）違うんですか……？」

「（ニヤリ）……」

¥「自転車」と「ブランド品」、その違いとは？

「たとえば、Mさんは『資産』って聞いて何を思い浮かべる？」

「え、家とか車とかですよね。資産じゃないんですか？」

「うん、違う。資産は、『資』を『産む』と書くでしょう？　資とはもとになるもの、ここでいえばお金。つまり、**お金を産むものが資産なんです。**でも、自宅はお金を産みませんよね。車も同じ。消費して、価値が減っていくだけのものです」

「たしかに言われてみれば……」

「そのことに気づかないと、資産だと思って買ったものが、どんどん家計をひっ迫して、支出ばかりが増えてしまう」

「じゃあ、お金持ちの人がいう『資産』って何なんですか？」

「不動産とか土地とか」

「いち庶民では手に入れにくいものばかりなんですが……」

「そんなことはないよ。Ｍさんの身近にあるもの、たとえば自動販売機や自転車だって、やり方によっては立派な資産になる」

「いやいや、自転車は無理がありますって」

「そうかな？　たとえば、最近は海外からの観光客が多いよね。そういった外国人向けに１日１０００円とかで自転車を貸し出せば、お金を産むことができる。そうすれば、自転車だってお金を産むから資産だよ。逆にブランド品なんかは持ってるだけじゃ資産とは呼べないわけだ」

「なるほど」

「**資産の種類にこだわるより、資産についての正しい捉え方をしておくことが重要**だ。まさに、『資《もと》』となるものがお金を産んでくれれば、それはすべて資産なんだ**（図⑩）**」

「じゃあ、ボクでも資産をつくれるということですか？」

「もちろん。ちなみにMさんが、マンションを買った動機は何ですか？」

「子どもですね。子どもが大きくなったら、いずれ自分たちの部屋がほしいって言いだすと思ったので」

図⑩　資産の一覧

お金を産む「資(もと)」となるもの＝「資産」

たとえば……

土地　不動産　自動販売機　株式

使い方によってはこれらも「資産」

自家用車 → レンタカー

自転車 → レンタサイクル

アイデア次第でお金を産むことができる！

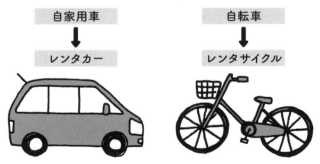

「子どもの成長に合わせてというのは、ライフプランとの関わりだから、私はいいと思います。ただ、よく家賃とローンの比較で買ったという人がいます。これは、銀行や不動産会社の手口に乗ってますね。『家賃より安いし、資産として残りますよ』と。それで数千万円もの借金を背負って、何十年もローンを払っていくのは、あまりオススメできないかな」

「たしかに購入するか賃貸にするかは、ボクもだいぶ迷いました……」

「まぁ賃貸のほうが移住の自由は利くからね。ローンを払い続ける必要もないし、お金も貯めやすいかもしれない。でも、人生１００年時代だし、買うのが間違っていた、というわけではないよ」

「自分のライフプランにあるならいい、ということですよね？」

「そういうこと、わかってきたじゃない」

¥「誰でもいい」で相談するのがダメな理由

「江上さん、ライフプランの大切さはわかったんですが、こういうお金に関することって、そもそも誰に相談すればいいんですか？　お金だから銀行とかですか？」

「なんで銀行なのさ。預金するときに、銀行の窓口担当がライフプランを聞いてくると思う？」

「……聞かないですね。『定期預金したいんです』『はい、わかりました』、で終わりだと思います」

「あのね、ライフプランを誰に相談するかっていうのは、とても大切なことなんだよ」

「でも、誰に相談しても同じだ、っていう考え方は多い気がしますよ。ボクも学資に入るときは、保険会社の人に話を聞いただけですし……」

「いやいや、誰に相談するかは、明確な基準を持ってたほうがいい。いちばん良くないのは、銀行や証券会社の窓口。相談者のライフプランなんて、何の関心も知識もない」

「えっ、そうなんですか」

「当たり前でしょ。ライフプランといったら、自ら起業している、独立系のＦＰ（ファイナンシャルプランナー）がプロです。しかも独立系のＦＰだって誰でもいいわけじゃない。できるだけたくさんの選択肢を持った人でないと」

「選択肢って何ですか……？」

「ライフプランに合った商品情報ということだね。たとえば、保険会社は40社程度（２０１７年３月時点）あるんだけど、１社の情報しか持っていないＦＰでは話にならない。すべての情報を持っている人のほうがいいんだけど、そんな人はまれだね」

「でも、他社商品の勉強をしたり、比較したりしますよね？」

「する人としない人がいる。だって、会社勤めだったら、他社のいい商品があっても、自社商品を勧めるでしょ？」

「あっ、たしかに……。じゃあ、来店型ショップはどうなんですか？」

「同じかなー。来店型でも保険会社でも、テレビＣＭをいっぱい打っている会社の情報は信用しないほうがいいよ」

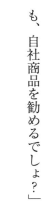

「えっ、どうしてですか？」

「だってCMを打たないと、売れない商品をたくさん持っているということだよ。しかもCMにかかった費用は、商品に上乗せしてすべてお客様から回収するわけだからコストのしわ寄せがいく」

「う～ん、何か相談すべき人の基準ってないんでしょうか……？」

¥ 基準はコレだけ！ 相談すべき人の条件を知る

「基準ね……。たとえば、**キャリアが最低10年あって、1000人以上のライフプランをプランニングしているFP**かな。経験の浅い人にアドバイスされたって、聞く気になれないでしょ？」

「たしかに……」

「ＦＰだって稼げてる人はごくわずか。年収３００万円くらいで、自分のライフプランさえできていない人もいるんだから」

「でも、ボクら一般人は、商品情報が多いとか、キャリアが豊富とか、わからないですよ。どうやって判断したらいいんですか？」

「ストレートに尋ねたらいいんだよ。どれくらいのお客様をコンサルしているんですか、とか、あなたはどんな保険に入っているんですか、とか、学資保険と同じで、もっと有利な商品はありませんか、とか……」

「そんなズケズケと聞けないですよ」

「大切なお金のことだから、遠慮はダメだよ」

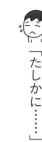

「でも、ホントのことを言わないとか……？」

「ウソを言ったら、免許はく奪だから大丈夫。厳しいんです」

「免許はく奪……。ちなみに、ボクみたいな人間が保険の勉強をして、ＦＰ並みの知識を持つっていうのは難しいんですか？」

「難しいというか、無理だね。だって、保険会社がデータをくれないから。うちみたいに保険会社30社を扱うのであれば、30社全部に情報を登録しないといけない。要はお金で情報を買っているんです。だから、結局は、良いＦＰを見分けなくてはならない、ということになるんです（**図⑪**）」

「ＦＰも厳しい世界なんですね……」

図⑪　相談すべきFPの条件

① キャリアが最低10年ある

② 1000人以上をライフプランニングしている

③ たくさんの商品情報を持っている

④ FP自身もきちんとライフプランニングできている

¥「100円で1ポイント」に気をつけよ

「FPっていえば、以前、クレジットカードを効果的に使いなさいって言われたことがあるんですが、それってどうなんですか？」

「効果的にって？」

「クレジットカードを使うと明細が出て、それで使った額の履歴が残るじゃないですか。それでお金の管理をしよう、みたいなことです」

「んー……、はっきりいって、Mさんみたいな人はカードを使ったらダメですね」

「えっ！　何でですか。けっこう使ってますけど」

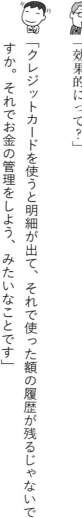

「だって、あれは借金だもん。私は持ってませんよ。会社のカードはあるけど、個人では持たない。なんで、若い人がカードを持つの？」

「だって便利じゃないですか。カードを使うと、ポイントだってついてくるんですよ。むしろ、ボクが江上さんにクレジットカードの良さを教えてあげたいくらいです」

「あのね、Mさん、じゃあ聞くけど、なんでいろんなお店でポイントがつくようになっていると思う？」

「？　顧客サービスですよね。自分のお店を選んでほしいっていう」

「うーん……、その考え方はダメかな。だって、あれは顧客サービスというより、顧客の囲い込みだから」

「えっ、何かそんなに違いますか？」

「だってポイントがつくっていうけど、購入代金のほんの数％だよ。ポイント還元率が高いっていう楽天カードを例にしたって、お店ごとでポイントが貯まるのは大体１００円で1ポイント程度。１万円を使っても1％、１００円しか貯まらない計算だ」

「でも、１万円使ってゼロよりはいいんじゃないですか？」

「だったら1万円を投資して、３％や5％の利息をつけたほうがよっぽどお得だよ。むしろ、多くの人がそのポイントを目当てに必要かどうかわからないものを買ってるからお金が貯まらない（**図⑫**）」

「うっ……、そう言われると何も言えないです」

図⑫　お金が貯まらない人と貯まる人の違い

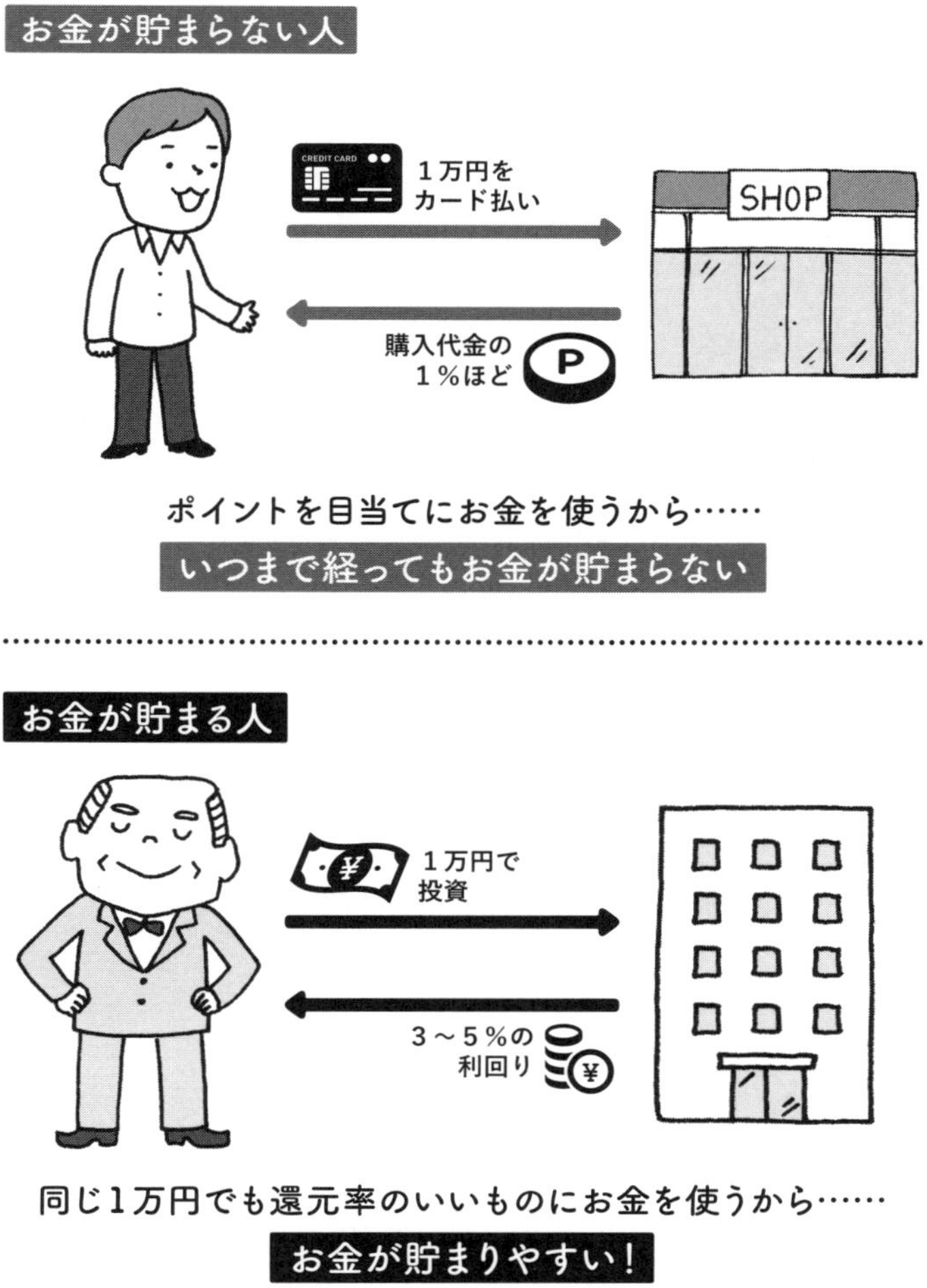
お金が貯まらない人
CREDIT CARD
1万円を
カード払い
SHOP
購入代金の
1％ほど
P
ポイントを目当てにお金を使うから……
いつまで経ってもお金が貯まらない
お金が貯まる人
¥
1万円で
投資
3～5％の
利回り
¥
同じ1万円でも還元率のいいものにお金を使うから……
お金が貯まりやすい！

「ポイントがつくからカードを使うんじゃなくて、ムダなお金を使ってしまうからカードを使わない、という考え方をしたほうがいい」

「……便利なんですけどね」

「カードは借金と一緒。あれは自分のお金ではなく、銀行のお金を使っているんだから。さらにお金がなくても買えちゃうところが怖い。だから結果的に無駄遣いにもつながってしまうんだ」

¥ 貧乏とお金持ちの違いは目的観の有無

「でも、江上さんだって、少しくらい無駄遣いしますよね？」

「もちろん。なぜなら、私はお金持ちじゃないからね」

「？？？」

「そもそもお金持ちの人は基本的に無駄遣いしないものなんだ。お金を増やすのに役立つなら使うけど、お金が増えないなら、びた一文、使わない。で、その考えでいうと、私はお金持ちではなくて小金持ちだから、多少の無駄遣いはいいというわけさ」

「なんかずるくないですか……。ちなみにボクも気晴らし程度に競艇やったりするんですが、それはダメですか」

「うん、ダメだって。お金ないんだし、そもそもMさん、当たらないでしょ」

「なんで決めつけるんですか！　当たりますよ。……たまには」

「たまに、でしょ。ギャンブルはね、自分でコントロールできないことなの。株も同じ。**お金を失う人は、自分でコントロールできないことにばかりお金を使うけど、それがいちばんのリスク**なんだよ」

「(う、何も言い返せない……)」

「まずお金を増やしたかったら、確実にプラスになるものを選ぶことだね」

「確実にプラスになるものなんてありますかね……」

「もちろん。少なくともギャンブルじゃないことはたしかだ」

「ですね……。でも、そうやって考えたらやっぱり運用しかない気がします。となると、何のためにどれくらい増やしたいかが大事なんですかね……」

「そう。とにかく目的は何か、きちんと考えよう。そうすれば、その方法で確実にお金が増えるか、増えないか、すぐにわかるはずだよ」

「……はい、よく考えます」

2限目
なんでボクのお金は減っていくのでしょうか？

ポイント

- 資産とは、お金を産むもの。車やブランドバッグなどは、資産ではない

- 一般人が独学で保険の比較をするのは、現実的に不可能。生命保険に詳しいＦＰに尋ねるのがベスト

- 相談すべきＦＰの基準とは、
①キャリアが最低10年ある
②１０００人以上のライフプランニングをしている
③たくさんの金融商品の情報を持っている
④ＦＰ自身もきちんとライフプランニングをしている

- ＦＰには、遠慮せずに、自身の入っている金融商品は何か、１つの商品を勧めたらもっと比較可能な商品はないかなど、徹底的に聞くこと

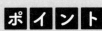

3限目

お金を上手に「運用する」コツを教えてください

¥ お金持ちになる秘訣は「利率」にあり

「じゃあ、いよいよ『運用』について教えてあげようか」

「えっ、ホントですか？　いよいよですね！」

「……教えるけど、落ち着いてね。まず運用の考え方はとてもシンプルです。貯めたお金、すなわちMさんの資産を、できるだけ高い利率で運用するということ。これに尽きる」

「利率が高ければ、その分、お金は増えていくということですね」

「理論上はそういうことになるね。それが具体的に実感できる、便利な数式がありますよ。『72の法則』というんだけど」

「なんですか、それ？」

「72÷金利で、お金が2倍になるおおよその年数がわかるんです」

「それはすばらしい数式ですね！」

「たとえば、大手銀行の定期預金の利率はだいたい0・01％ぐらいなんだけど、これをさっきの数式にあてはめてみて」

「ええっと…72÷0・01…ん…7200？　えっ……、7200年後ってことですか？」

「そう、どれだけ低いかわかったでしょ」

「銀行の定期預金じゃ、どう頑張ってもお金持ちになれないですね……」

「その通り。じゃあ、3%ならどうでしょう」

「えっと……24年です。やっと現実的な数字になってきました」

「では8%では」

「あっ9年ですね」

「つまり、利率によって、これだけ資産形成のスピードが変わってくるんだよ」

「こうやって比較すると、説得力が出てきますね」

¥ なぜ「複利」で運用することが大事なのか？

「さらにもう1つ、押さえてもらいたいことがある」

「何ですか？」

「『複利』で増やさないと、お金持ちになれないということ。じつは、『72の法則』で言った『金利』というのも、複利の年利率のことなんだ」

「……複利の年利率？　もっとわかりやすく教えてほしいです……」

「たとえば、お金を銀行に預けたり、投資したりすると利息がつくよね。この利息には単利と複利の2種類がある。元本が常に一定で、元本にのみ利息がつくのが単利。じゃあ100万円預けて、1年で10%の利息がつくと1年後どうなる？」

「１１０万円になります」

「そうだよね。で、2年目には１２０万円、3年目には１３０万円、4年目には１４０万円と増えていく」

「毎年、10万円ずつ増えていくわけですね」

「そう、**単利は一定額ずつ増えていく。一方で元本と利息を合計して、そこに利率をかけていくのが複利**（図⑬）。前年の元本に利息を加えたものが、今年の元本になる。単利と同様の条件で、計算してみようか。10％の利率だと、１００万円が1年後には１１０万円」

「1年目は単利と同じですね」

図⑬　単利と複利の違いとは？

単利 ➡利息は毎年一定額増える（元本は変わらない）

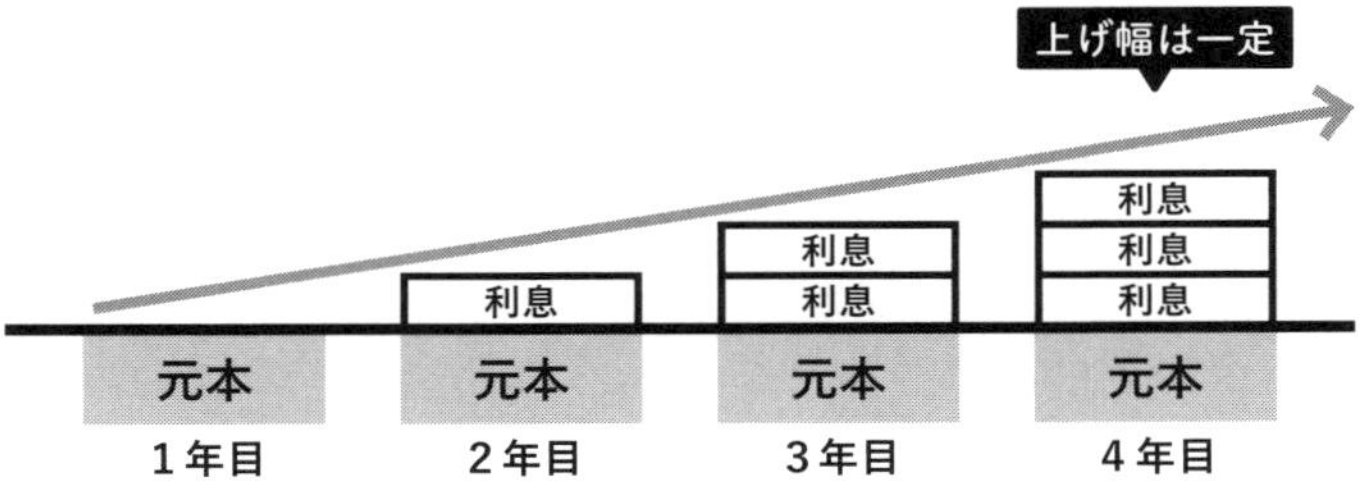

複利 ➡利息が毎年増えていく（今年の元本＝前年元本＋利息）

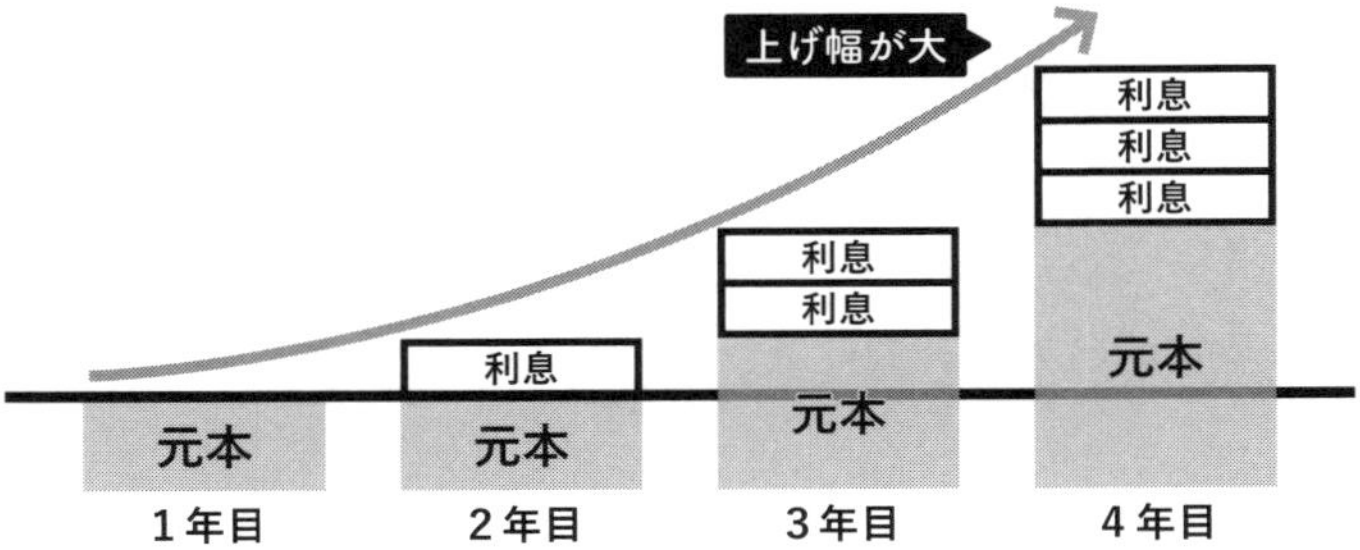

	元本	利息
単利	一定	一定
複利	増加	増加

「でも、２年目からは利息を元本に組み入れて計算することになる。すると、２年目が１２１万円（１１０＋１１０×０・１）、３年目は１３３万１０００円（１２１＋１２１×０・１）」

「単利に比べてどんどん増えていきますね」

「10年で単利なら２００万円なのに、複利だと２５９万円にもなるんだ」

「え、60万円も差が開いている！」

「単利の場合は、２００万円に到達するまでに10年かかるんだけど、複利だと８年目で到達するね。すなわち、お金を早く、たくさん増やすためには、複利の運用が欠かせないということだよ**（図⑭）**」

図⑭ 単利と複利で運用したときの差額とは？

預け金100万円／年利10％

年数	単利	差額	複利
1	1,100,000	0	1,100,000
2	1,200,000	10,000	1,210,000
3	1,300,000	31,000	1,331,000
4	1,400,000	64,100	1,464,100
5	1,500,000	110,510	1,610,510
6	1,600,000	171,561	1,771,561
7	1,700,000	248,717	1,948,717
8	1,800,000	343,589	2,143,589
9	1,900,000	457,948	2,357,948
10	2,000,000	593,742	2,593,742
11	2,100,000	753,117	2,853,117
12	2,200,000	938,428	3,138,428
13	2,300,000	1,152,271	3,452,271
14	2,400,000	1,397,498	3,797,498
15	2,500,000	1,677,248	4,177,248

約60万円の差が生じる

「複利の力はすごいですね‼」

「相対性理論で有名なアルバート・アインシュタインが、『数学におけるもっとも偉大な発見は複利である』と言っているほどだ。時間を味方につけると、さらに力を発揮するよ。月々10万円を0％で25年間運用したとすると、総額はどのくらいになる？」

「10万円×12カ月×25年＝3000万円です‼」

「だよね。で、この3000万円を25年間、複利で運用していたとすると、利率が1％で3423万円。5％で6013万円。7％で8121万円。10％だったら1億2982万円になる！**（図⑮）**」

「金利が10％になると、25年で4倍以上の差になってる！」

図⑮　毎月10万円を複利で25年間運用すると……

（単位：万円）

年数	0％	1％	3％	5％	7％	10％
1	120	121	124	126	128	132
2	240	244	251	258	266	277
3	360	367	382	397	413	437
4	480	492	517	543	570	613
5	600	618	656	696	738	806
6	720	746	799	857	918	1,018
7	840	874	947	1,026	1,111	1,252
8	960	1,004	1,099	1,203	1,317	1,510
9	1,080	1,135	1,256	1,389	1,538	1,792
10	1,200	1,268	1,417	1,585	1,774	2,104
11	1,320	1,402	1,583	1,790	2,027	2,446
12	1,440	1,537	1,754	2,006	2,297	2,823
13	1,560	1,674	1,930	2,232	2,586	3,237
14	1,680	1,812	2,112	2,469	2,895	3,693
15	1,800	1,951	2,299	2,719	3,227	4,194
16	1,920	2,092	2,491	2,981	3,581	4,745
17	2,040	2,234	2,690	3,256	3,960	5,352
18	2,160	2,377	2,894	3,545	4,365	6,019
19	2,280	2,522	3,104	3,848	4,799	6,753
20	2,400	2,669	3,321	4,166	5,264	7,560
21	2,520	2,817	3,544	4,501	5,761	8,448
22	2,640	2,966	3,774	4,852	6,292	9,425
23	2,760	3,117	4,011	5,220	6,861	10,500
24	2,880	3,269	4,255	5,607	7,470	11,682
25	3,000	3,423	4,506	6,013	8,121	12,982

「ここで注目してほしいのは、年数が経てば経つほど、増え方が大きくなっていくというところ。つまり、どういうことかわかる？」

「？？　……長く運用しなさい、ってことですか？」

「正解。運用する際に複利がいかに重要か、長期投資がいかに有利かってことを、まずは頭に入れておいてほしい。ちなみに、この複利だけど、お金を借りる側に立ってみると、どれだけ借金が怖いかということもわかるよね」

「たしかに……」

「さっきクレジットカードを使ってはいけないと言ったけど、とくにまずいのはクレジットカードのリボルビング払いです」

「うちの奥さんが利用してるんですけど……」

「……ダメだね。リボルビング払いの金利ってわかってる？」

「いや、まったく知りません」

「12〜18％。金利18％だと、どうなるか。さっきの72の法則にあてはめてみて」

「72÷18＝4ですね」

「およそ4年で借金が2倍になるということですよ」

「4年で2倍。これは気をつけなければいけませんね」

「Mさんは自宅を購入する際に借金をしてるけど、その住宅ローンの金利も、安ければ安いほうがいい理由もここにある。詳細に計算したうえで、有利なら、すぐにでも低い金利で借り換えしたほうがいいんだ」

投資で儲けたお金を生活費に充てるのは非効率

「高い利率で、かつ複利で長期運用すると、日々の生活も、断然、楽になりますね」

「？？……ちょっと待って……」

「えっ、どうしたんですか、急に……」

「水を差すようだけど、もし投資で得た利潤を生活費に充てようと思ってるなら、やめたほうがいい」

「なぜですか？」

「利潤は次の投資にまわされるからこそ、複利効果が活かせられるんだ。たとえ売却益なり配当金を得たとしても、それは再投資にまわすべき。つまり、使わないのが大前提なわけ」

「ええっ！　利益が出ても、使っちゃいけないんですか……」

「うん、使わないほうがいい。いま、銀行の窓口なんかで、『毎月分配型ファンド』が売られているけど、あれなんてもってのほか」

「毎月分配型？……なんですか、それ？」

「毎月、決まった額の配当金が分配される商品のことだよ。たとえば、Mさんに毎月決まった額のお金が入ってきたらどう？　安心感やお得感があるような気がしない？」

「あります！　不動産収入みたいに、毎月、お金が入ってくるとうれしいです」

「でも、それ、ホントは複利効果を減らしてるだけなんだよ」

「？？　どういうことですか？」

「要は、複利の場合、元本＋利息でお金がどんどん増えていく仕組みなのに、配当金が分配されてしまうと、もとのお金を削っていることになるから、あまり複利の恩恵を受けられないんだ**（図⑯）**」

「えっ……それは困りますね。つまり目先のお金としてはもらえるけど、元本は増えていないってことですよね」

「そうなんだ。しかも、毎月分配し続けるから、無理して運用しようとして、失敗するファンドもある。結果的に元本が減ってしまうことも少なくないんだ」

図⑯　複利効果が減る仕組み

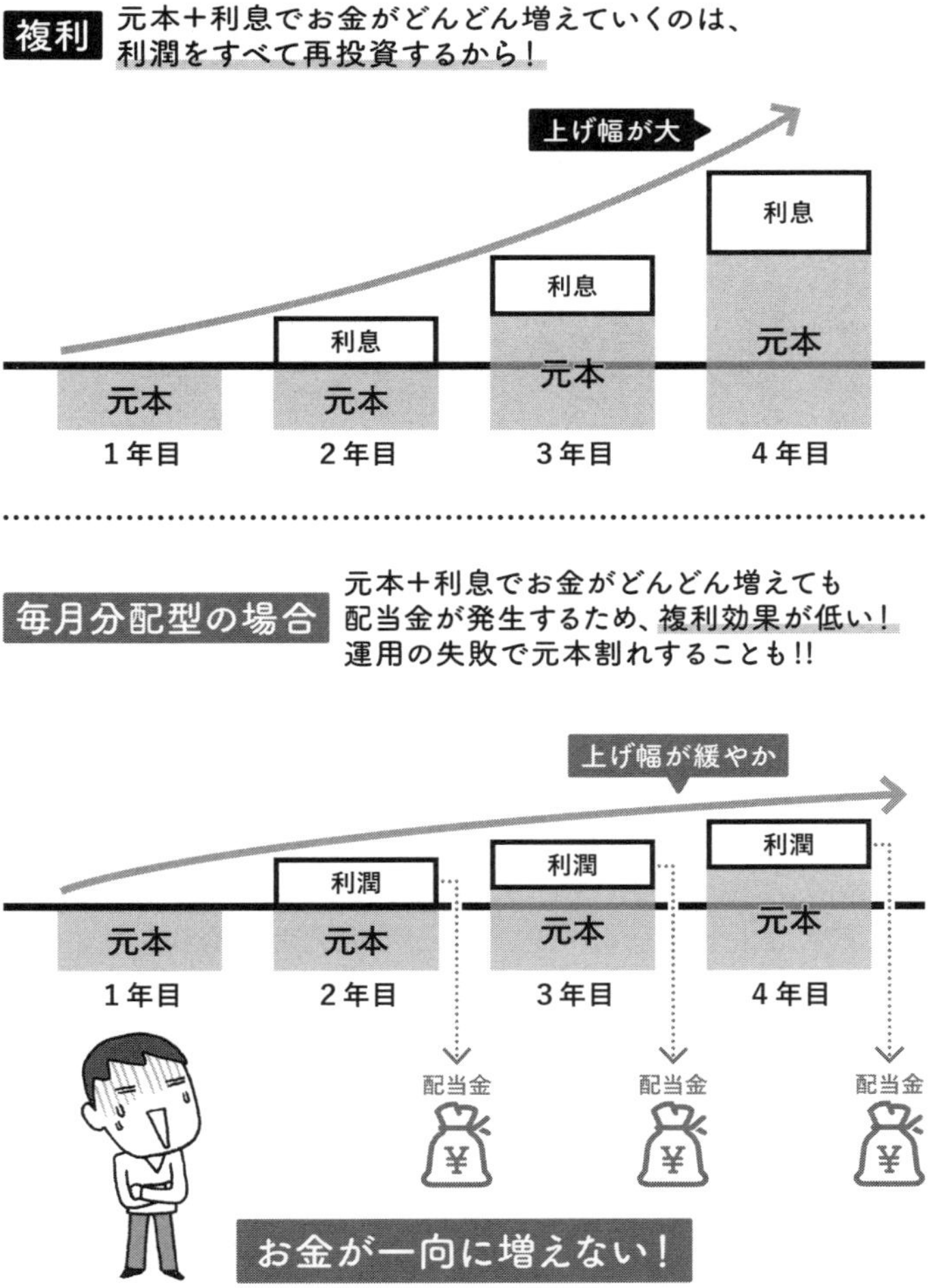

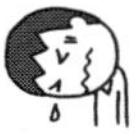

「そういう背景も知っておかないと、すぐにお金がなくなりそうですね」

「結局、**高い利率、複利で、長期運用するのが投資の鉄則なんです。元本をどんどん増やしていくのも重要。**最初のうちは、単利も複利も、あまり違いがないように感じるかもしれないけど、時間が経つと、目に見えて差が出てくるわけだからね。短期の売却益をそのつど使ってしまったら、大きく増えないんだよ」

「増えた分、使っていいと思っていたから残念です……」

¥ 目的を持った運用を心がけよう

「じゃあ、あらためて考えてみようか。基本は何のために貯めるのかという目的が必要なんだけど、Mさんの場合は？」

「子どもの教育費ですね」

「であれば、そのための貯金、運用なのだから、まずはそれに徹すること」

「はい」

「さらに、お金の三分法も頭に入れておかなければいけないよ」

「お金を3つのグループに仕分ける、ですよね？」

「そう、それぞれの役割を明確にするんだ」

「たしか、まずは毎日の生活に備えるためのお金ですよね」

「おぉ、ちゃんと覚えているね。これはわかりやすく言えば、銀行の普通預金に入れているお金だね」

「生活費は、ここから使う、と」

「そうそう。次が貯金。最後が長期的な見通しに沿って、増やすお金。運用のためのお金です。配分は人それぞれだけど、常にこの三分法を意識しておいてほしい」

「ちなみに貯めるお金が一定額を超えたら、どうすればいいんですか？　運用のお金とかに移したほうがいいんですか？」

「そうだね。なるべく、運用のお金は多いほうがいい」

「なるほど」

「いくら複利で運用しても、種銭が少なかったら、利益は少ないからね。たとえば資金が１０００万円、複利７％で運用したとして、１年目は１０７０万円、２年目は１１４５万円、３年目には１２２５万円と増えていくけど、仮に10万円しか投資資金がなかったらどうなる？」

「ええっと、１年目が10万７０００円、２年目が11万４４９０円、３年目が12万２５００円……。たしかに微増って感じですね」

「だよね。だから貯金もうんとして、運用にまわしたほうがいいわけ。これは大事な話だから、あとでまた具体的に説明するよ」

「お願いします！」

¥「教育費＝学資保険」は貧乏な人の典型？

「ちなみに、あらためて再確認だけど、Mさんは学資に入ってるじゃない、これの目的って……」

「子どもの教育費です」

「だよね、じゃあ保険証券をちょっと見せてもらえるかな」

「どうぞ。長男が生まれたときに入りました。毎月1万円です」

「……契約期間は22年間、お子さんが大学に入るとき、約266万円の保険金が支払われますね。で、支払う保険料の22年間の合計は、264万円。266万円の保険料が返ってくるから、利息は2万円です」

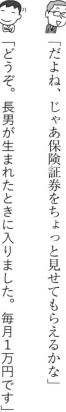

「利息は微々たるものですね」

「じつは学資のなかには、元本割れするような商品も売られてるって知ってた？」

「えっ、そうなんですか？」

「『いざというときの保険だから』と説明されて、お客さんも納得してしまうらしいけど、よく内容を聞いて、商品の比較もしてから買ったほうがいいね」

「ボクは『ちょっぴり増えますけど、学資はそういうもの（たくさん増えないもの）なんです』って聞いたような……」

「まぁ、貯金のような感覚で入る人が多いからね。でも、学資はちゃんとした保険商品です。証券に書いてあるけど、満期になる22年の間に、Mさんにもしものことがあった場合、保険料の払い込みが免除されるという保障がついています」

「ボクが死んだら、毎月の保険料は払わなくていいってことですか？」

「そう、その保障部分があるから、貯蓄性が低くなる。ちなみに、学資だけじゃ、教育資金はカバーできないよね。加入するとき、ホントに子どもの教育費がまかなえるのか、という疑問はわかなかった？」

「少し考えましたけど、『教育費は学資でまかなうことが多い』って聞いてましたから、とりあえず入っておけば大丈夫なのかなと……」

「なるほど、でも営業マンの言葉は盲信しないほうがいいね。言葉が悪くて申し訳ないけど、Mさんは貧乏脳の典型だね」

「貧乏脳って……。だって、学資って高校や大学の入学のタイミングで、お金を受け取ることができるし、自分で無駄遣いすることもないから、まとまったお金を貯めるのに便利じゃないですか」

「でも投資の法則から言えばマイナスだよ。だって、さっき伝えた、複利効果が活かされていないからね。便利に思えるかもしれないけど、『投資効率』という側面から見れば、じつに、もったいない話なんだ」

「そう言われると、なんだか損をした気分になってきました……」

「Mさんだけじゃなく、大半の人が『教育費＝学資保険』という刷り込みがある。でも、**金融商品は、複数の商品を比較検討してから買わなければいけません。数字で判断することが大事**なんです。そうすれば、Mさんの保障もついて、3％や5％で運用できる、貯蓄性の高い保険商品だって見つかるんだから」

「えっ、そんなのがあるんですか？」

「あるよ。だからこそ、たくさんの商品を徹底的に比較しなきゃ」

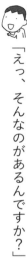

「だったら、学資はやめて、貯蓄性の高いやつに乗り換えたいです」

「ほら、すぐ前のめりになる。もっと落ち着いて、じっくり検討しなきゃ。そういう心構えだから、営業マンの言うとおりに、安易に保険に入ってしまうんだよ」

「その通りです、すみません……」

「基本は『調査』と『比較』。Mさんのような人は必ず覚えてほしい」

¥ 金融商品は「数字」で判断せよ

「では、Mさんも気になっている死亡保障がついた貯蓄性保険のジャンルで商品を比較検討してみようか。

いま、ここに示したのは、

①日本で最も有名な学資保険A
②国内生保が販売している終身保険B
③外資A社が販売している変額保険
④外資B社が販売している変額保険
⑤海外の保険（15年確定年金保険）
の5種類だ（**図⑰**）。Mさんは学資と貯金に、いくら充てていたっけ？」

「約2万円です」

「そう、それでその2万円を投資したとして、お子さんが大学に入学する18歳までにどれくらいのリターンがあるか、試算してみた。で、ここで注目してもらいたいのは、返戻率《へんれいりつ》です」

図⑰　各種保険商品それぞれの違い

（注：1ドル＝100円換算）

	①学資保険A（定額保険）	②終身保険B（定額保険）	③外資A社（変額保険）	④外資B社（変額保険）	⑤海外ドル保険（定額保険）
月払保険料	18,680円	20,496円	20,304円	20,000円	20,000円
総額保険料	4,034,880円（※18年間支払）	2,459,520円（※10年間支払）	2,436,480円（※10年間支払）	4,320,000円（※18年間支払）	3,600,000円（※15年間支払）
18年後返戻金	4,000,000円（※予定利率1.00%）	2,615,000円（※予定利率1.15%）	2,974,000円（※7%運用の場合）	7,000,000円（※7%運用の場合）	5,040,000円（※15年後返戻金）
返戻率	99.1%	106.3%	122.1%	162.2%	140.0%
金利タイプ	固定	固定	変動	変動	ドル固定

「返戻率って何ですか？」

「支払った保険金額に対して、もらえるお金の合計がどれくらいかを表したもの」

「数値が高いほどたくさんもらえる、ということですか？」

「そう。十分にリターンがあるということを意味している。これで見ると、変額保険、海外保険の返戻率の高さは圧倒的だよね」

「えっ、こんなに違うんですか!?　こうやって比較すると、学資に入ってしまったのが残念すぎるんですが……」

「商品の比較検討が必要だ、というのはこういうことなんだよ」

リスクがあるからこそリターンが得られる

「ちなみに変額保険って何ですか？」

「保険には大きく分けて、定額保険と変額保険の2種類がある。定額保険は、加入時点で保険金額が確定しているんです」

「予定利率のところですか？」

「そう、あらかじめいくら支払われるかがわかっている保険です。どのように運用するかも、ちゃんと金融庁に届け出ているものなんだ」

「つまり、安定した運用がされている、と理解すればいいんですか？」

「その通り。一方で、変額保険の場合、商品の運用方法は保険会社の裁量に任せられてる。だから、運用がうまくいけば、解約返戻金は多くなるし、悪ければ少なくなる」

「支払われる額が変動するから、変額保険ということですか？」

「そういうことです」

「でも、保険会社に任せるってなんだか怖いですね……」

「もちろんリスクはある。ただ、運用の基本原則として、リスクとリターンは一体だということは覚えておいてほしい。リスクがあるからリターンが得られる。逆にリターンがあるところにはリスクもあるんだ」

「儲かる可能性もあれば、損をする可能性もある、と」

「そう。とはいえ、変額保険は、過去の実績がすべて明らかにされているから、それを判断材料にはできる。ここが無根拠の投機とは違うところなんだ」

「……過去の実績って、だいたいどれくらいの数字なんですか？」

「まぁ、10％というところだね」

「えっ、そんなに高いんですか？」

「そうだよ。さっき示した返戻率の比較（**図⑰**）も、実績よりも低く見積もって、7％の運用を10年間と18年間で行ったと仮定して出している」

「じゃあ、もっと返戻率が高いこともあるんですか!?」

「もちろん。ただ、その反面、7%を下回るリスクだってあるということも忘れないでほしい」

「変額保険っていいですね。興味出てきたんですけど。あ、あと、海外保険もいいですよね。返戻率も高いし、元本保証までついてる」

「海外保険の場合、明確な理由があるんだ。というのも、まず、前提として日本の保険会社は支出が大きいんだ」

「支出?」

「ひと言でいえば税金のこと。法人税や消費税などの税金を収めて、その残りで運用するから、リターンが低くならざるを得ない」

「でも、海外保険は違うということですか？」

「違う。税金面で優遇されてる国が多いから。たとえば、利回りが20%という保険もめずらしくないんだ。もちろん、為替リスクにも注意が必要だから、幅広く商品を研究する必要があるけどね」

「なんとなくですけど、海外保険は利率が高い反面、心配ですね……。信頼度というか、言葉が通じないし、不安が……」

「まあ、あくまで一例だからね。わかりやすい例として保険商品を見てきたけど、Mさんに伝えたいのは、情報を鵜呑《うの》みにしたらいけないということだよ」

「たしかに！　比較と検討をしなきゃもったいないですね」

「自分の目的に照らして、調べて、納得して買うことが重要なんだ」

大事なのは、「一発逆転」よりも「確実性」

「江上さん、資産を高い利率で運用することが大事ということはやっぱり、高利率の商品を買うべきってことですよね？」

「まぁ、理屈としてはそうだね」

「じゃあ高利率の商品だけ選んで買えばいいから、簡単そうですね」

「ただ、ポイントは『できるだけ高い利率』という点だよ。だってリスクもあるからね。ちゃんとリスクとリターンを考えて、商品を見極めなきゃ。結局はどこで折り合いをつけるかが大事なんだ」

「たしかにリスクが高かったら躊躇しますね。たんに、利率が高ければいいわけでもないんですね」

「うん、特にMさんは、確実にお金を増やす方法が知りたいんだよね。だったら、『簡単に儲かります』っていうキャッチコピーの商品に飛びついてはいけないよ」

「ＦＸとかですか？」

「絶対やめたほうがいい。ＦＸとか先物商品とか投機性が高い商品ほどリターンは高いけど、危険性も同じように高いから」

「でも、最近、ＦＸの広告で『少額投資で儲けられます』『たった１０００円で始められます』みたいなのがあって魅力的だなーって思ってたんですけど……」

「いやいや、それは危険。甘い罠だよ」

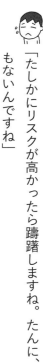

「何が罠なんですか？」

「だって相手もビジネスなんだから、儲けが出ないといけないよね。仮にＭさんが１０００円でＦＸをやって、10倍の１万円になったとしても、動かすお金が少ないんだから、当然利幅も小さい。となると投資額の数％を手数料にして、Ｍさんに大きな額をかけてもらったほうがいいでしょ（**図⑱**）」

「たしかに……」

「もちろん、実際のカラクリはわからないけど、少なくともＦＸは投資金の何倍ものお金を動かせるわけだから、調子にのって投資をしていると、気づいたときには大損をしていることもあるんだ」

「すべてを失ってしまうリスクもある、と」

図⑱　少額投資　FXの場合

仮に1,000円でFXができたとしても、1回の投資額が低いので
お互いの利益率はどうしても低くなってしまう

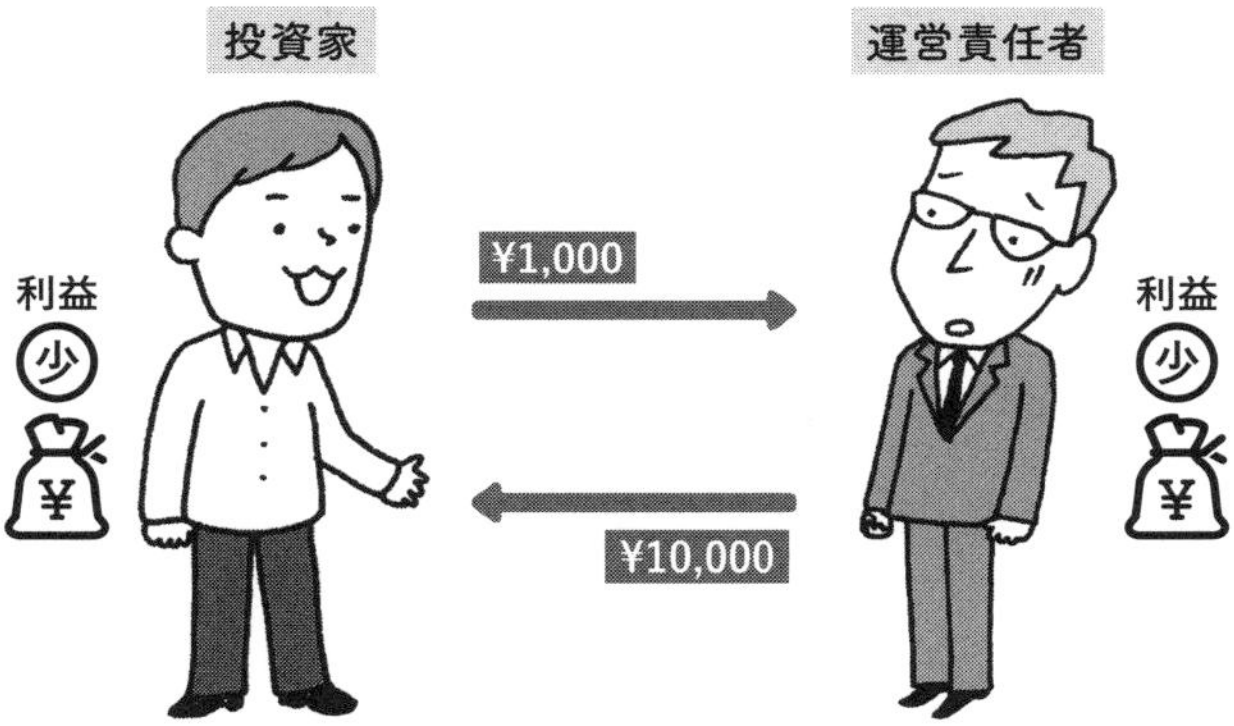

欲が出てしまい、投資額が増えてしまうと、
リターンは多いかもしれないが、リスクも増してくる

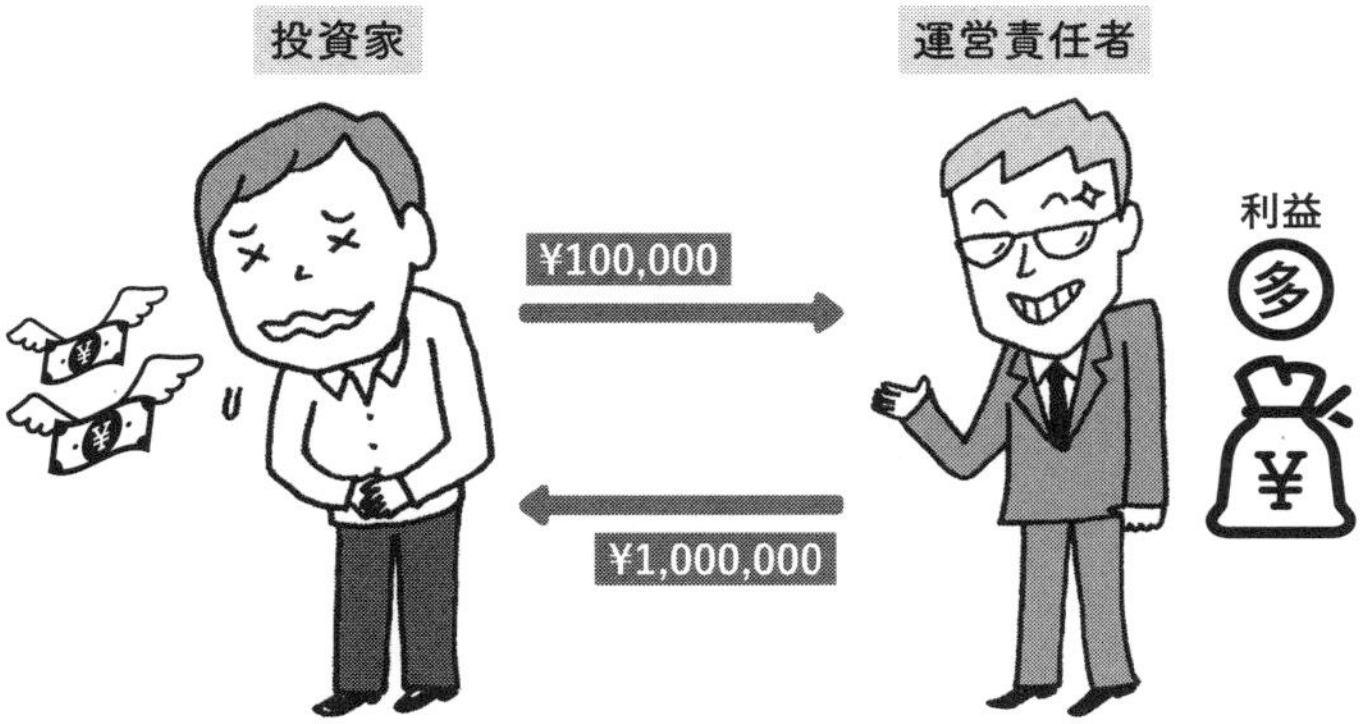

「そう。一時的にお金持ちになった人もいるかもしれないけど、幸運はそんなに長く続かない。投機性が高い商品を買い続けると、つねに転落のリスクが付きまといます」

「江上さんのお知り合いに、そういう商品を買っている人はいないんですか？」

「1人もいない。投機的な商品やギャンブル性の高い商品は、あらかじめ選択肢から外しておいたほうが身のためだよ」

「そうします。ちなみに、FXみたいな投機性の高い商品じゃなくて、普通に高利率の商品がほしい場合は、どうやってリスクに備えればいいんですか？」

「まずは、自分なりに、リスクを背負えるかどうかだね。さっきのお金の三分法も、リスクヘッジの1つと考えれば安心でしょ」

「あ、そっか、言われてみればそうですね」

「つまり、**自分の財産をすべて運用にまわしちゃいけないということ。**どれだけのリスクを背負えるかを、事前に見極めておかなきゃ」

「たしかに三分法を使えば、失敗しても生活には影響が出ないですね」

「そう。たとえ、運用に失敗しても、生活に影響が出ないというのは、立派なリスクヘッジだと思うよ」

「でも、失敗を前提に考えるって、少し後ろ向きな感じが……」

「そんなことはないよ。さっきの変額保険だって、確実に利益が上がるかどうかは、誰にもわからない。あくまでも過去の実績からの推測だからね。だからこそ、後ろ向きでもリスクヘッジを考えることが重要なんだよ」

¥ 1つのカゴに卵を盛るな

「ちなみにお金の仕分け以外にも、リスクヘッジの方法ってあるんですか？」

「もちろん。キーワードは『分散』です」

「『分散』、ですか？」

「そう、わかりやすく言えば、1つに『集中』しないということ。投資に関する格言で『1つのカゴに卵を盛るな』というのがあります。たとえば、卵を1つのカゴに盛った状態で、そのカゴを落としてしまったらどうなる？」

「……卵が割れちゃいますよね」

「全滅してしまう危険性さえある。でも、複数のカゴに盛ったら？」

「ほかの卵は割れない？」

「そう。つまり、**特定の商品に集中して投資をするのは危険だから、複数の商品に投資をしようということです。これを『分散投資』という**」

「なるほど。リスクを分散するために1つの商品だけではなく、幅広く投資をするという考え方ですね」

「その意味では、投資信託が適しているね。投資信託とは、投資家から集めたお金を、運用のプロであるファンドマネジャーが、株式や債券などで運用する商品のこと。その運用の成果に応じて、収益は投資家に分配される」

「なんでそれを購入すると、分散したことになるんですか？」

「投資信託にはいろいろな種類があるんだけど、投資対象は、国内外の株式・債券、不動産など、多岐にわたるんです。つまり、1つの投信にさまざまな金融商品が組み込まれていて、金融商品の寄せ集めともいえる」

「寄せ集め……、お正月の福袋みたいですね（**図⑲**）」

「そう、そんなイメージです。しかも、日本の株式・債券、外国の株式・債権などが、バランスよくパッケージされた、『バランス型投資信託』も販売されています」

「それを1つ購入すれば、複数の商品に投資したことになるというわけですか?」

「うん。個人では、なかなか投資しにくい株式にも、投資できるというメリットがある。さらに、少額から投資できるのも魅力だね」

図⑲　投資信託のイメージ

1つの投信にさまざまな金融商品が入っている。お正月の福袋のようなもの

「ちなみに、さっきの変額保険は分散投資に入るんですか？　利回りも高かったし、分散投資型なら、購入してみたいんですが……」

「あれも、分散投資型だね。変額保険には『日本株式』『日本債券』『外国株式』『外国債券』『新興国株式』『定期預金』など、8つの資産が用意されていて、それらを投資家は自由に組み合わせることができる」

「あっ、そうなんですね。でも、もし、どこかの国の経済が悪化して、外国の株価が下がっているときはどうなるんですか？　そのまま値下がりして、気づいたときには0円になっていた、ということはないんですか？」

「それは大丈夫。株が下落傾向に入ったときには、ほかの安全な資産にスイッチするようになっているから。変額保険に興味が出てきたんだね」

「はい、でも、ちょっと迷ってるんです……」

¥ 投資先はグローバルに考えるべき

「どうしたの？」

「だって、『外国株式』『外国債券』とか『外国』っていう名称がつくと、危険な感じがしませんか？」

「気持ちはわからなくはないけど、考えすぎかな。むしろ、いまの時代、日本株式のみにこだわるべきではなくて、投資先は、グローバルに考えなければいけない」

「……そうはいっても、なんだか怖いですよね……」

「でも、考えてごらん。国内市場の成熟化を察知して、海外に資本を投入していった日本企業はごまんとある。たとえば、ユニ・チャームとか良品計画とか」

「たしかに、海外で売上を伸ばしている企業は多いって聞きますけど……」

「近年は株価が上昇したとはいえ、日経平均株価はピーク時の3万8957円の半値ほど。先進国でこんなに長期的に株価が低迷している国はないですよ」

「そういえば、友人も昔、買った株が売れなくて、困ってると言ってました」

「日本の株価は長期で低迷してるけど、これは何を意味していると思う？」

「……バブルの後遺症？」

「バブルから、もう20年以上も経っているよ」

「……投資しようっていう日本人の数が少なくなったとか？」

「日本の株式投資の主要プレイヤーは外国人投資家。だからそれもあまり考慮しないでもいい。それよりも、日本は成長しない国だと、その外国人投資家たちに見なされているということが原因だと思う」

「どうして、そう言えるんですか？」

「経済成長は、『人口×生産性』なんだ。でも、日本はこれから人口が急激に減っていく。だから成長が期待できないということなんだ」

「たしかに。若い人のほうが少なくなってますもんね。海外はどうなんですか？」

「一時的に落ちることはあっても、長期的には上昇傾向にあるね。とくに人口が増え続けるアジア、アフリカなどの新興国。投資信託や変額保険を買う際には、外国株式にも分散投資することをオススメするよ」

¥「時間の分散」にも注目しよう!

「ちなみに運用を考えるときには、『時間の分散』も注意すべきだ」

「……『時間の分散』って何ですか?」

「要は、株や投資信託、変額保険など、リスクがある商品に投資するときは、一度にすべての資金を投入しないということだね」

「なんで、一度にすべての資金を投入したらダメなんですか?」

「株式をもとに、具体的に説明しようか。たとえば、投資の成果は、『株の株数×価格(株価)』で表されます。株価は常に変動するけど、株数をいっぱい買えば、それだけ株価の影響を受けなくなるわけ」

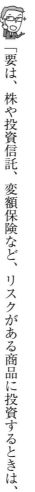

「？？……どういうことでしょうか？」

「たとえば、私とMさんが20万円を持っていて、Mさんは一括投資、私は毎月２万円ずつ10回にわたって、コツコツ投資をする。すると、私は株価が下がったときに口数が多く買えるわけだから、自然と買付価格が平準化されてくるんだ」

「へー」

「Mさんは株価が1万円のときに20株買ったとする。そして、８０００円に値下がりしたときに売却すると、時価は16万円になりますよね」

「4万円の損は痛いですね……」

「でも、私は、株価が下がったときに、株数をたくさん買っているから、結果的に30株買うことができて、売却したら投資の成果は24万円になる（**図⑳**）」

「そう考えると、たしかに分散投資のほうがお得ですね。心理的に株価が下がってもショックは少ないですし」

「下がっていれば、コツコツ買い続けて、株価が上がるのを待っていればいいわけだからね」

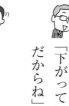

「運用の方法としてもシンプルですね」

「リーマンショックのような、一時的な損失発生のリスクも回避できるし、複数回に分けて長期的に購入した人は、結果的に、1年あたりの価格変動のぶれを小さくできる。つまり、リスクを分散できたということになるんです」

図⑳ 時間分散でどれだけの差が生じるか

江上

毎月２万円を
10回に分けて投資

M編

20万円を一括投資

	株価	江上	M編
１回目	10,000円	２株	20株
２回目	9,000円	２株	——
３回目	13,000円	１株	——
４回目	7,000円	２株	——
５回目	5,000円	４株	——
６回目	2,000円	10株	——
７回目	4,000円	５株	——
８回目	8,000円	２株	——
９回目	13,000円	１株	——
10回目	11,000円	１株	——

江上　30株購入 → 240,000円（8,000円のときに売却）　＋４万円

M編　20株購入 → 160,000円（8,000円のときに売却）　－４万円

**分散投資のほうが株価の変動に
影響されにくく、リスクも小さい**

¥「ドル・コスト平均法」で毎月コツコツ運用を！

「分散投資が大事なのはわかりましたけど、具体的にどのタイミングで、どうやって商品を買えばいいんでしょうか？」

「月初めなどタイミングを決めて買えばいい。ちなみに、ここまで説明してきた、価格が安くなったときに大量購入して、価格が高いときに少量買うっていう購入方法を『**ドル・コスト平均法**』という」

「つまり、安くなったらたくさん買って、高いときは少しだけ買うっていうことですよね」

「そういうこと。右肩上がりに株価が上昇し続けたときとか、必ずしも『ドル・コスト平均法』が有利に働かない場合もあるけど、おおむね株価は上下を繰り返しながら、動いていく。だから長期的に上がる銘柄なら、ぶれが大きいほど、『ドル・コスト平均法』の効果は出やすくなる」

「たとえ下がっても、仕込み時と思えばいいんですよね」

「そうそう。価格が変動すると、買うべきか、買うべきでないか、迷いが出てくるでしょう。でも、この方法でやれば購入タイミングを逃すなんていうこともなくなるからね」

「これだったら、ボクがやっても、うまくいくような気がしてきました」

「それはよかった。じゃあ、次は、商品ごとの運用のポイントを説明してあげるよ」

3限目
お金を上手に「運用する」コツを教えてください

ポイント

- お金を増やしたければ、「資産」を増やすこと
- 運用の基本は高い利率で運用すること
- 「72の法則(72÷複利の年利率)」でお金が倍になる年数がわかる
- お金を増やすには複利での運用が不可欠で、長期運用は欠かせない
- 利潤が出ても使ってはいけない。再投資にまわす
- 金融商品を購入する際には、数字で判断する
- 「教育費の積み立て=学資保険」は間違い
- リスクとリターンは表裏一体
- 運用はいかにリスクを減らすか。『三分割法』もリスクヘッジの1つ
- 資産分散の方法は投資信託の購入、時間分散の方法は「ドル・コスト平均法」がある

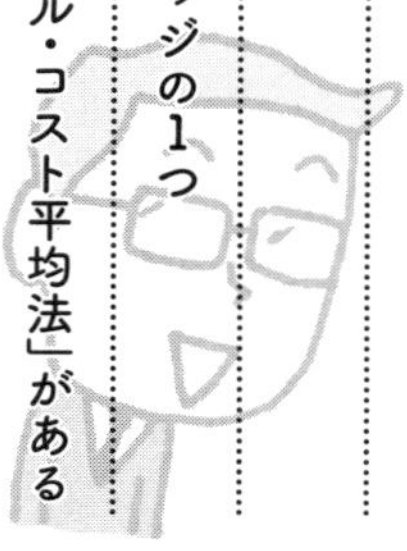

4限目

具体的に、金融商品の特徴を教えてください

¥ 金融商品は「3つ」に分類できる

「そもそも金融商品って具体的にどんなものがあるんですか」

「代表的なものだと、『預金（円）』『国債』『投資信託』『変額保険』『外貨預金』『株式（個別株）』『先物取引、ＦＸ取引、信用取引』とかかな」

「けっこうありますね……」

「そう。一般的には『預金（円）』『国債』はローリスク・ローリターン、『投資信託』『変額保険』『外貨預金』はミドルリスク・ミドルリターン、『株式（個別株）』『先物取引、ＦＸ取引、信用取引』はハイリスク・ハイリターンという位置づけになります（図㉑）」

図㉑　金融商品のリスクとリターン

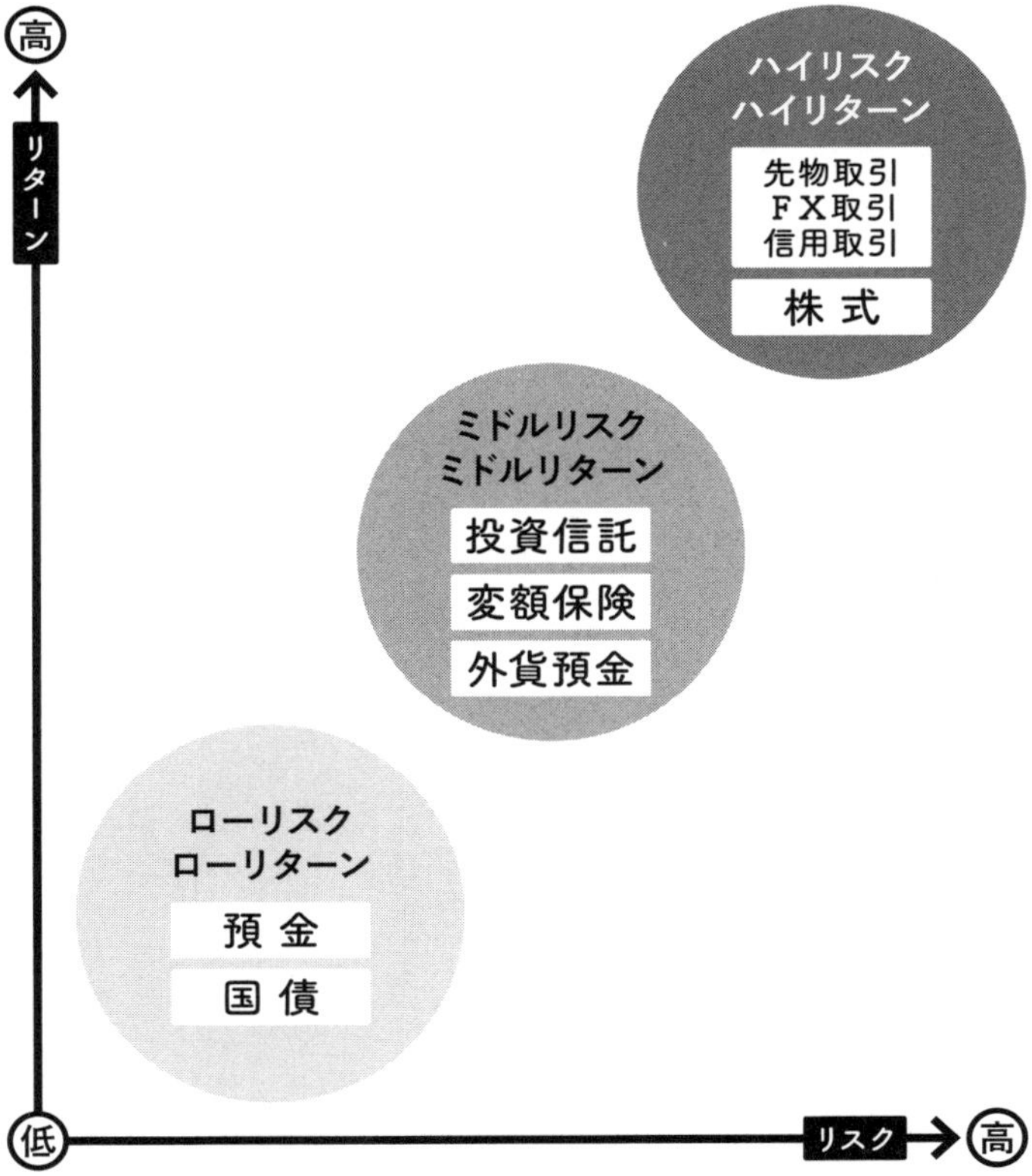

「リスクとリターンとの関係で、分類できるんですね。このなかで、ボクにオススメのものってありますか？」

「やっぱりミドルリスク・ミドルリターンだろうね。なぜかわかる？」

「ハイリスク・ハイリターンの商品は、リスクが大きいから？」

「そう。リスクヘッジのしようがない。一時的に儲けたとしても、すべての財産を失ってしまう危険性もある」

「かといって、ローリスク・ローリターンの商品ではあまり儲けられない、ということですよね……」

「利率が低すぎるからね。ただ、それも運用する人の状況次第だよ」

「誰もが、ミドルリスク・ミドルリターンの商品がいいわけでもないんですか？」

「そうだよ。たとえば、すでに有り余るほどの資産を持っている場合、新たにリスクを冒してまで、資産を増やす必要はないから、ローリスク・ローリターンでいい。でも、Mさんはお子さんの教育資金をつくらなければいけないよね」

「はい、切実な問題です」

「だったら、リスクヘッジをしたうえで、できるだけ高い利率の商品を選ばなければいけない」

「それが、ミドルリスク・ミドルリターンの商品なんですね」

¥「預金」もじつは立派な金融商品？

「ミドルがいいのはわかったんですけど、それぞれの商品の特徴がわからないです……。そもそも預金って、金融商品の1つなんですか？」

「いまは、あまりにも金利が低いから、金融商品と思わないかもね」

「ボクなんか、安全な預け場所という認識しかありません」

「でもかつては金利が5％、6％の時代もあったし、そのときは、預けているだけで資産が増えたんだよ。だから、れっきとした金融商品といえるんだ」

「なんで、こんなに金利が低くなってしまったんでしょうね」

「金利は景気に左右されるんです。インフレの場合は、お金が市場に流れすぎている状態だから、国は政策金利を高くすることで、お金の供給を止めようとする」

「……デフレの場合というのは？」

「デフレはその逆です。国が政策金利を低くすることで、少しでも企業や個人が、金融機関から資金を借りやすい状態にする。そして市場にお金の供給を増やそうとする。銀行もその政策金利にならって、預金金利を下げるんだ」

「ということは、いま金利が低いから、日本はずっとデフレということですよね」

「そう。理論上は経済活動が活発になって、企業も潤い、従業員の給料も上がっていくはずなんだけど……。いまのところは、そうなっていないね」

「ですよね。そしたらこんなに苦労してないでしょうし……」

「いまではマイナス金利も導入されて、ますます金利は下がっているから、貯蓄のメリットはほとんどない」

「……」

「それどころか、マイナス金利の影響で、金融機関は窓口やATMでの手数料を少しずつ上げ始めています。なかなか気づかないだろうけど、実際、利用者負担が増しているわけです」

「でも、日本人は預金している人が多い気がするんですが……?」

「そうなんです。ここに日本、アメリカ、ユーロ圏の個人金融資産構成を示したものがあるんだけど、ちょっと見てくれるかい **（図㉒）**」

「日本人の金融資産の52％が現預金なんですね。アメリカは14％ほどだから、3倍以上もある」

「なぜ日本人は、これほど預金好きだと思う？」

「……投資するっていう意識が低いってことですか？　金利が高いときは、預金しているだけで資産形成ができたわけだし……」

「うん。とくに高齢の方は堅実な人が多いし、昔の成功体験もあるから、預金好きが多いかもしれないね」

図㉒　現預金の各国割合

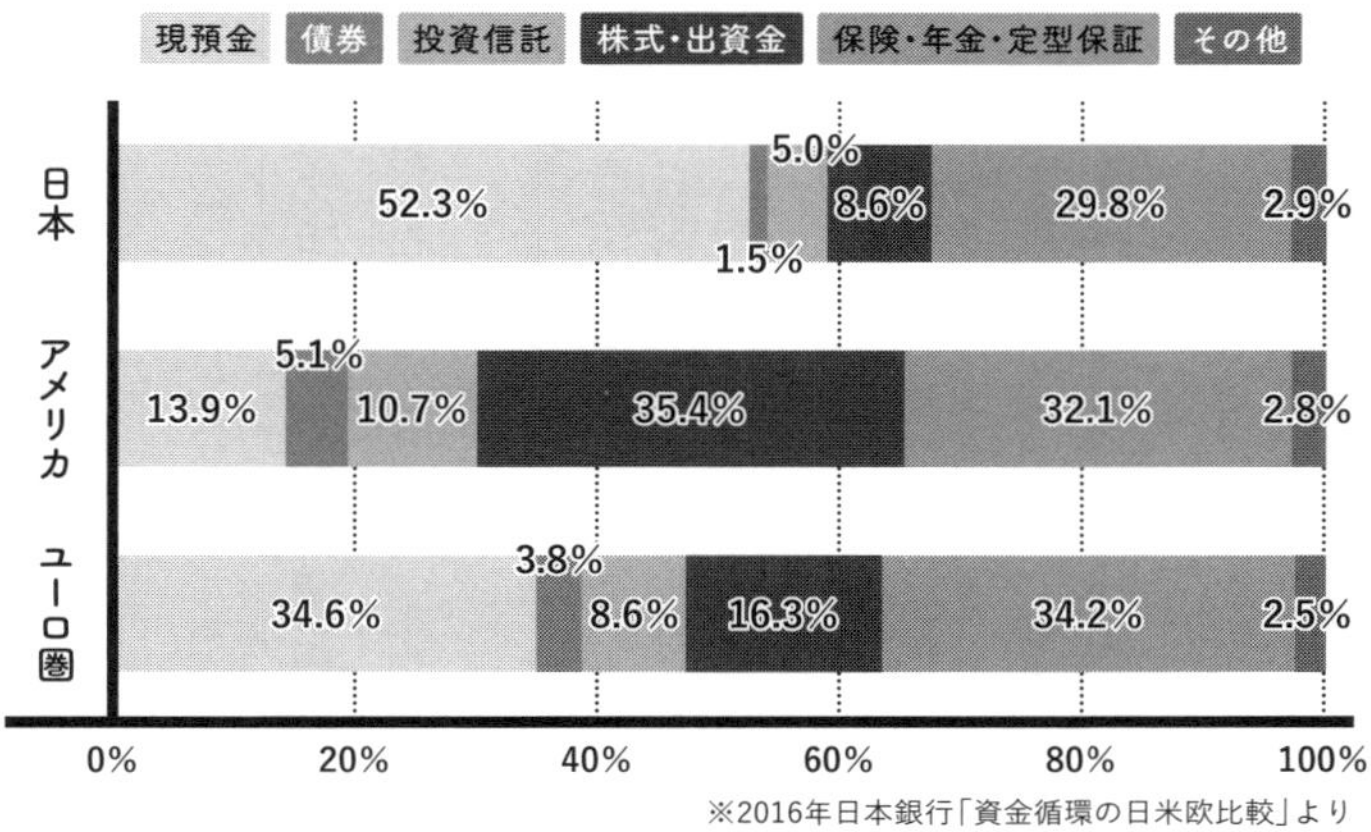

※2016年日本銀行「資金循環の日米欧比較」より

「投資は怖いという、思い込みもあるんじゃないですか？　ボクも怖いというイメージがありますし……」

「そうだね。バブルに損をした人がいっぱいいたから、なおさらだね。『羹《あつもの》に懲りて膾《なます》を吹く』ってことかな。でも、これからの時代、投資は怖いなんて、言ってられなくなるよ」

「どうしてですか？」

「だって、現金を持っているほうが、リスクになるかもしれないから」

「え、手元に現金があったほうが、安心な気が……」

「でも、物価のことを考えていないでしょう。インフレになったら現金の価値は下がっていくんだよ」

「どれくらい下がるんですか？」

「たとえば、Ｍさんが１０００万円持ってても、インフレ率１％になると、30年後には７３９万円の価値になる。２％で５４５万円、３％で４０１万円になる」

「でも、日常生活であまり価値が下がっていることを実感しないんですけど？」

「まあ、いまはインフレになっていないからね。だけど、将来的にはインフレになる可能性が高いと思う。Ｍさんの学資だって危ないんだよ」

「えっ、保険もですか？」

「うん。予定利率があらかじめ決まっているということは、インフレ時にもらう金額は同じということ。つまり、インフレ対応ができていないっていう意味だ。だから物価と連動する金融商品を買っておかないと損をすることになる」

¥ リスクが嫌いな人ほど「国債」がいい理由

「じゃあ、預金に意味がないんだったら、どうすればいいんですか？」

「たとえば、貯蓄するくらいなら『国債』を買うほうがいい。インフレに対する備えができているから」

「インフレになっても、価値が下がらないんですか？」

「下がらないものもあるから、あとで説明するね。お金を減らすのは死んでもイヤという人なら、検討してもいいんじゃないかな。国債の金利はきわめて低いけど、預金よりはマシだね」

「預金よりも安全なんですか？」

「だって、日本政府が発行しているわけだから、国が元本保証しているのと同じ。銀行の預金よりもずっと安全なことはたしかです」

「国債って、ボクでも買えるんですか？」

「買えるよ。個人向け国債というのがあって、『固定金利型3年満期』『固定金利型5年満期』『変動金利型10年満期』の3種類がある。もし購入したいのなら、『変動金利型10年満期』をオススメするよ」

「なんですか？」

「変動金利だと、金利が上がった場合、国債の金利も上がっていく仕組みになっているんだ。つまり、インフレへの備えができているということ」

「でも、日本が財政破綻したら国債の価値はないですよね？」

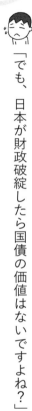

「まぁ、そうなったら、銀行も潰れるし、国債どころか、お金も紙くずになるだろうね。個人レベルでは、何の対策もできないし、考えてもムダじゃない？」

「まぁそうかもしれないですが……」

「自分の力で対応できないことは考えたって仕方がない。それより収入を上げるだけのスキルや知識を身につけたほうがよっぽどいいよ」

「あれこれ心配しても、仕方がないってことですか？」

「そういうこと。心配事の9割は起こらないっていうじゃない。羹に懲りて膾を吹くなんて、ばかばかしいよ」

「その言葉、好きですね……」

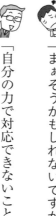

¥ 何がいいの？「投資信託」の基本

「江上さん、やっぱり儲けの多い話を詳しく聞きたいです」

「ははは、君は現金だね」

「なんと言われようと大丈夫です！ まずはさっきから気になっている、投資信託について教えてください」

「投資信託っていうのは、繰り返しになるけど、投資家からお金を集めて、プロのファンドマネジャーが国内外の株式や債券などで運用する商品のこと。その運用の成果に応じて、収益が投資家に分配される。ファンドとも呼ばれるよ」

「投資信託って、どれくらいの種類があるんですか？」

「個人から幅広く投資金を募集するファンドを『公募投資信託』というんだけど、その数は日本で５０００以上あるよ」

「５０００以上……。それはボクでも買えるんですよね？」

「もちろん。投資信託は1万円程度から購入できます。毎月決まった日に、一定額を金融機関の口座から引き落として、投資信託を買い付ける積立投信っていう仕組みもある」

「へー、ボクみたいなお金がない人間でもできますか？」

「うん。１０００円単位で購入できるから、Mさんでも始められる」

「それは魅力的ですね」

「男性サラリーマンのお小遣い平均額は、３万７０００円余りといわれてるから、お小遣いの一部を使って、投資もできるよ」

「お小遣いを元手に、億万長者も夢じゃない、と！」

「いや、種銭が少ないと、大きく儲けることは難しいよ。ただ、投資は『習うより慣れよ』だから、まずはやってみることが大事だね」

「現実は甘くないんですね……」

「一発逆転の世界じゃないからね」

「ちなみに基本的なことですけど、投資信託って、どこで買えるんですか？」

「証券会社や銀行で買えますよ。口座を開設する必要があるけど、わざわざ窓口に行かなくてもネットから申し込みもできる」

「でも、……5000種類以上もあると、何を買えばいいかわからないです」

「1つの証券会社で、その数を扱ってるわけではないからね。ただ、迷ってしまうなら、評価機関による客観的な評価を参考にするのも手だよ」

「評価機関があるんですか?」

「あるよ。モーニングスター、ブルームバーグ、格付投資情報センターなど、主だった評価機関がさまざまなファンドを評価している」

「なるほど。それを見れば、どこに投資すればいいかわかりますね。ボクは利率が高いところを狙いたいですね」

「ただ、いくら実績がよくても、それはあくまでも過去の数字。上がる可能性は高いけど、下がるリスクも踏まえて、投資したほうがいいよ」

¥ 儲けるコツは「支出」にあり

「ほかに、投資信託で気をつけるべきことはありますか？」

「そうだね……、やっぱりどれだけ『支出』を下げるかだね」

「……投資信託にも、下げるべき『支出』があるんですか？」

「あるよ。まずは、**投資信託を購入する際にかかる『販売手数料』**」

「買うときの手数料ってことですよね。どのくらいなんですか？」

「商品によりけりだけど、最大で2~3%ぐらいと考えてもらえばいい」

「2~3%……。あまり高い気がしないですけど……。だって1万円の投資信託を購入しても、2~300円ですよね。なんか微々たる金額のような……」

「いやいや、その微々たる金額もムダな『支出』だよ。ネット証券で口座をつくれば、販売手数料なんてめちゃくちゃ安い。0%だってめずらしくないんだ」

「あっ、そうなんですね。それなら断然、ネット証券ですね」

「うん。さらに、手数料は販売手数料以外もある。**商品を保有する際に『信託報酬』という手数料が必要だ**」

「持つだけでお金がかかるんですね……。どのくらいかかるんですか?」

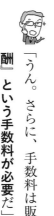

「1年間で2％前後だね。投資家は、これを毎年支払い続けなければいけなくて、長期的に見れば、この手数料がバカにならない。ただ、信託報酬が低く抑えられているファンドもありますよ」

「……でも、そういうファンドって、実績が悪いとか、何かデメリットがあるんじゃないですか……？」

「いや、そんなことはない。投資信託には**プロが運用する『アクティブファンド』**と、日経平均やトピックス、ダウ工業平均など**特定の経済指標に連動する『インデックスファンド』（パッシブファンド）**があって、きちんと管理はしている」

「具体的にどう違うんですか？」

「アクティブファンドは、専門家が実際に調査をしたり、運用をするから、コストがかかる。だから手数料は比較的高めに設定されている」

「インデックスファンドのほうは？」

「インデックスファンドは平均株価指数に連動して機械的に株式を購入するだけ。専門家を必要としないから、その分、コストは抑えられて、手数料も安い」

「手間暇がかかっている分、アクティブファンドのほうが実績はよさそうですね」

「普通はそう思うよね。でも、アクティブファンドのほうが、じつは実績が悪い」

「え、……高い手数料をもらっているのに？　じゃあ、手数料が安いインデックスファンドのほうが得ということですか？」

「得というより、プラスになる割合が高いと考えるべきだろうね」

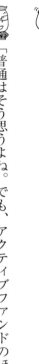

忘れてはいけない「税額」のこと

「ちなみに注意すべき支出はまだあるよ。利益を上げたら税金を納める必要が出てくるからね」

「ここで税金が出てくるんですね……」

「**投資信託の場合、利潤に約20%の税金が加わる**」

「えっ、20%は高いですね。10万円儲けて2万円も持ってかれるんですか!?　しかも税金だと下げられないじゃないですか」

「まぁ税金を下げるのは無理だけど、支払う税金の額を含めて、運用商品を選ぶことはできるよね。変額保険について覚えてる？」

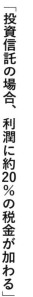

「たしか、死亡保障と貯蓄保険を組み合わせたような……」

「そう、じつは変額保険の貯蓄性の部分は、質の高いアクティブファンドが運用しているイメージで、さらに積立投信のように、毎月少額から始められるというメリットがある。さらに言えば、税金が低く抑えられるという特徴もあるんだ」

「それってメリット多くないですか？　だって、利率が高くて、貯蓄性もあって、少額から始められるうえ、税金も安く抑えられるってことですよね」

「まぁ、極端なことを言えばだけどね。たとえば、生命保険の場合は次の計算式で所得がわかり、確定申告額に加算される」

（一時所得総額－必要経費〔※1〕－50万円〔※2〕）×50％

〔※1〕一時所得を得るために使った金額／〔※2〕特別所得控除

「なんだか難しそうですね……」

「そんなことはないよ。つまり、50万円までの利益なら、利益がなかったこととされ、税金も非課税になるということなんだ」

「……税金面でお得ということですか？」

「そう。しかも50万円を超える利益があっても、その超えた分のさらに50％の額にしか課税されません」

「へー、メリットが多いんですね。でも、もし可能だったら、何か具体例を交えて教えてもらえると、ボクでもわかりやすかったりするんですが……」

「じゃあ、支払総額２４２万円で解約返戻金は３６０万円の金融商品を持っていたとしようか。つまり、１１８万円増えた状態だね。すると、（３６０万円－２４２万円－50万）×50％＝34万円。34万円にこの所得額に対する税率の５％をかけた1万７０００円が所得税ということになる（**図㉓**）」

「つまり、1万７０００円を持っていかれると。これが投資信託だとどうなるんですか？」

「投資信託だと、利益の１１８万円×申告分離課税20・３１５％＝23万９７１７円。外貨預金の源泉分離課税も20・３１５％だから23万９７１７円。これだけ税金で支払うことになる」

「商品の違いで、20万円以上も税金に差がつくんですね！」

「税金面を考えて、金融商品を選ぶのもいいだろうね」

図㉓　金融商品による税金の違い

もし、支払総額242万円、解約返戻金360万円で118万円が増えた場合

生命保険　（一時所得総額－必要経費－50万円）×50％＝一時所得

↓

（360万円－242万円－50万円）×50％＝34万円

34万円×5％（※1）＝**17,000円** ―― 生命保険で引かれる税金

投資信託　利潤×申告分離課税

↓

118万円×20.315％＝**239,717円** ―― 投資信託で引かれる税金

外貨預金　利潤×源泉分離課税

↓

118万円×20.315％＝**239,717円** ―― 外貨預金で引かれる税金

引かれる税金は、生命保険＜投資信託、外貨預金

選ぶ金融商品によって20万円以上の差が生じることがある

（※1）

課税される所得金額	税率
～195万円以下	5%
195万円～330万円	10%
330万円～695万円	20%
695万円～900万円	23%
900万円～1800万円	33%
1800万円～4000万円	40%
4000万円～	45%

¥ ココが怖い、「外貨預金」のリスクとは？

「ちなみに、さっきの話にも出た、外貨預金ってどういう商品なんですか？」

「外貨預金は、日本より高い金利の国の通貨に替えて、銀行に外貨で預けて運用する金融商品のこと」

「外貨預金って、何かかっこいいイメージですよね。仕事ができる、グローバルな男がやっているような」

「そんなかっこいいものじゃないよ。昔は、そんなイメージに憧れたＯＬたちが外貨預金をやって、大損こいたみたいだけど」

「えっ、損しちゃったんですか？」

「円高時に外貨に交換して、円安時に日本円に戻すことで差益を得るんだけど、為替相場の動きを読み込むのは、プロでも難しい。だから、素人は失敗しやすい。これまでの商品に比べると、リスクは大きいね」

「（じゃあ、全然ミドルリスク・ミドルリターンじゃない気が……）」

「さらに、痛いのは為替手数料がとても高いということ」

「為替手数料？」

「外貨に換金するときの手数料のこと。だいたい1ドルにつき1円、と設定されているから、1万ドルを購入すると、余計に1万円ほどかかってしまう。で、日本円に戻すときにも、同様のお金がかかってしまう」

「……ということは、100万円分の商品を買ったら、101万円を払わなければいけないんですね」

「仮に、1年満期のUSドル定期預金1万ドル、表面年利率3・75％（税引後3・00％）として計算してみようか。まず、1万ドルを預金するのに101万円が必要になる。加えて、一律20％の源泉分離課税がかかるから、1年後は1万300ドル（103万円）。日本円に換金すると、また為替手数料がかかるから、手数料の1万300円を引くと101万9700円。利益は最初に投じた101万円を引いて9700円**（図㉔）**」

「（？？……）」

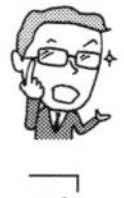

「重要なのはここから。これを利回り計算すると、9700÷101万円×100＝およそ0・96％。銀行の店頭表示には金利3・75％とあっても、実質は0・96％しかないということなんだよね」

図㉔　外貨預金の仕組みと手数料

外貨預金の仕組み

銀行などで口座をつくる → 円を外貨に両替する → 外貨で運用 or 円に戻す

利益＋為替差益

もしも、1年満期／USドル定期預金1万ドル／
表面年利率3.75%（税引後3.00%）で計算した場合
※為替手数料1ドル＝片道1円とする　1USドル＝100円の場合

1万ドルを預金したい……

100万円＋1万円（手数料）
＝101万円

銀行
or
ネット
銀行

103万円－1万300円
＝101万9700円

為替手数料

日本円に換金したい場合……

ドルのときの計算

1年後……

1万ドル×3.75%
＝375ドル

375ドル×20%
＝75ドル

↓

375－75＝300
300ドルが利潤

1万＋300
＝1万300ドル

日本円に戻すと……

1万300ドル×100
＝103万円

利益は

101万9700円－101万円＝**9700円**

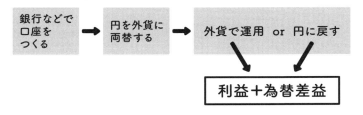

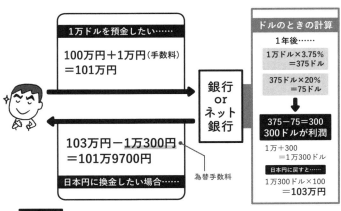

「……計算ばかりで頭が追いつかないんですが、つまり、どういうことですか？」

「要は、手数料が多くかかるから、日本の銀行の預金金利よりはいいけど、思ったほどプラスにはならないということ。チラシには魅力的な数字がたくさん書いてあるから、見かけの数字と実態を精査したうえで判断しなければいけません」

¥「株式投資」はなぜハイリスク・ハイリターンなのか

「ちなみにハイリスク・ハイリターンの商品も知りたいんですが……」

「えっ、ダメだよ。Mさんはやらないほうが身のためだからね」

「も、もちろん、あくまで後学のためです。それに1つ質問が……」

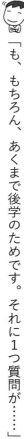

「どんな質問……？」

「どうして株式投資がハイリスク・ハイリターンなのかなって。たしかに上がるか、下がるかだけなので、リスクはありますけど、ハイリスクではない気がします。むしろ、最もポピュラーな投資法だと思うんですけど……」

「安く買って、高く売る。たしかに投資の手法としては極めてシンプルだよね。じゃあ、Mさんの質問に答える前に、私からも質問したいことがある」

「いいですよ」

「東証一部に上場している企業の数は、どれだけあると思う？」

「……全然わからないです」

「じつは1900以上ある。じゃあ、上場企業全体は？」

「2000くらい、ですか……？」

「3500社以上ある。それぞれの株は上がったり、下がったりを繰り返していて、ブレ幅が極めて大きい。そんな個別銘柄のなかから成長株を見つけられる？　さらに、ブレ幅が大きい株式に資金のすべてを投じると、どうなるかな？」

「大儲けできるかもしれないけど、失敗したら大損をしてしまうかもしれない？」

「むしろ損をしてしまうことのほうが多いだろうね。それこそハイリスクだよね。まさに、丁半博打の世界じゃないですか。これでは安定して利潤を上げ続けることはできませんよね」

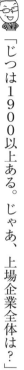

「……でも、研究したら上がりそうな株、下がりそうな株の傾向はわかってくるんじゃないですか？」

「みんな、そういう淡い期待を持ってるけど、残念ながら『安く買って、高く売る』を実践できてる人には、めったにお目にかからない」

「でも、株で大儲けしている人だっていますよね。せめて、大儲けとはいかなくても、リスクの少ない、上手な買い方ってないんですか？」

「んー、そうだね。もしリスクを少なくしたいなら、価値のある商品・サービスを扱っている会社の株を選ぶことかな。社会から絶対なくならないようなものだと、大きく目減りする可能性は低い。たとえば、鉄道や道路といったインフラとか」

「あー、なるほど」

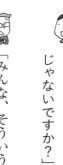

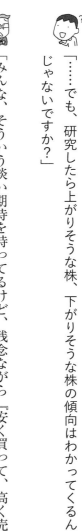

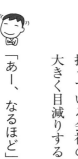

「あとは自分の知っている会社の株を買うこと。知っている会社のほうが勉強にもなるし、株価の変化にも興味が持ちやすいでしょ」

「たしかに。それならお金の勉強にもなりますね」

「とはいっても、やっぱり株は難しいから、いろいろな株がセットになってる投資信託や変額保険が有効なんです。分散投資もできるし」

「あ、そっか。集中投資したら、いけないということでしたね」

「それに、いまのMさんでは、株式投資が難しい最大の理由がある」

「（ゴクリ……）何ですか？」

「１００株、１０００株を1口にして、取引する銘柄が多いから、好きな銘柄を見つけても、買うだけのお金が用意できない。投資金額は少なくても10万円くらいはないとね」

「げ、そんなにかかるんですか……」

「まぁ、さっき言ったように応援したい企業があるとか、配当が期待できるとか、そういう場合は株主になってもいいけど、それは今回の趣旨から外れてしまうからね。だったら、投資信託や変額保険のほうがずっといいんです」

「わかりました。株式投資はあきらめます……」

¥ 億万長者か破産か、「レバレッジ投資」を知る

「じゃあ、さっき説明した外貨預金との関連で、ＦＸを見てみましょうか」

「雑誌とか読んで多少知ってますけど、人生が変わっちゃうくらいハイリスク・ハイリターンなんですよね」

「たしかにハイリスク・ハイリターンだね。為替変動による差益を狙うところは外貨預金と同じなんだけど、大きく違うのは『レバレッジ』が使えることなんだ」

「『レバレッジ』って何ですか？」

「レバレッジというのは、日本語の『てこ』のこと。てこを使えば、小さな力で大きなものを持ち上げることができるでしょう。それになぞらえて、少ない資金で、

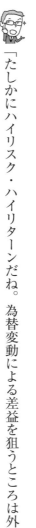

その何倍もの取引ができるってことです」

「少ない資金で、大儲けできるってことですか？」

「怪しい話になると、君はすぐそうやって目を輝かせるね」

「ちょっと興味が出てきました」

「たとえば、レバレッジ10倍をかければ、１００万円で、１０００万円の外貨を運用できます。当然、少ない資金で大きなリターンが期待できるわけだ」

「大きなリターン、すごくいいですね！」

「でも、逆に考えたらどう？」

「悲惨ですね」

「そう。１００万円で１０００万円分の投資に対する損失が発生してしまいます。さらに、外貨預金のところでも言ったように、為替相場の動きを読むのは至難の業。手を出さないほうがいいと思うけど、Mさん、やってみる?」

「……やめときます」

「それが賢明だよ。あと、手持ちの資金以上に、大きな取引ができるという点では、『信用取引』も同じような仕組みです」

「『信用取引』って何ですか?」

「『信用取引』っていうのは、証券会社に現金などを担保として差し入れて、これを元手に3倍程度の資金を借りて取引する方法だよ（**図㉕**）」

図㉕　信用取引の仕組み

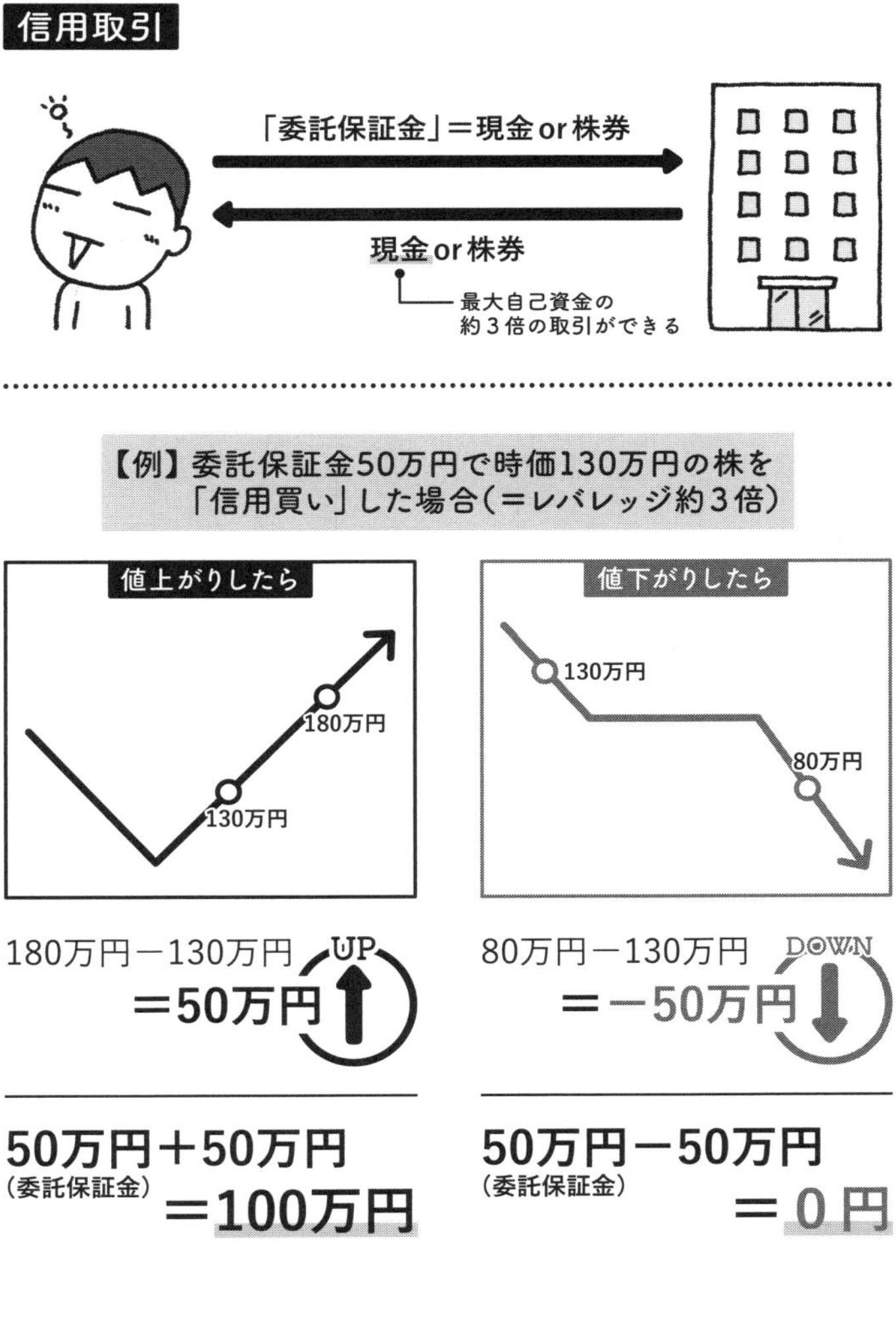
信用取引
「委託保証金」＝現金or株券
現金or株券
最大自己資金の
約3倍の取引ができる
【例】委託保証金50万円で時価130万円の株を
「信用買い」した場合（＝レバレッジ約3倍）
値上がりしたら
130万円
180万円
180万円－130万円
＝50万円
UP
50万円＋50万円
（委託保証金）
＝100万円
値下がりしたら
130万円
80万円
80万円－130万円
＝－50万円
DOWN
50万円－50万円
（委託保証金）
＝0円

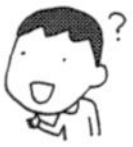

「やっぱりハイリスク・ハイリターンなんですよね？」

「もちろん、株価が予想通りに動けば大きな利益が得られるけど、逆の場合は、大きな損失が出る。証券会社から追証、つまり担保の積み増しを求められることもある。実際、損害の穴埋めに、退職金どころか、自宅などの財産を、まるまる失った人もいる。なかには自分の命まで……」

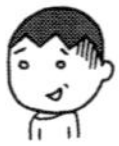

「怖い怖い。本にできなくなりますって……」

「まぁ、Mさんは絶対やめといたほうがいいね。次は、先物取引か。これは少し仕組みが難しい」

「できれば、ボクでもわかる説明を……」

「えっと……、ざっくり言うと、まず、将来のある一定の期日に、商品を受け取ることを約束する。そしてその価格を、いまの時点で決める、というのが先物取引だね」

「……さっぱり、わかりません」

「つまり、将来値段が上がりそうな品物を予測して購入しておき、値段が本当に上がったときに売って、差額分を儲けにする取引だよ」

「先に値段を予測しておく……。たとえば、今年の夏は水不足が起こるかもしれないから、ミネラルウォーターを買いだめしておいて、値段が上がったら売ってやる、的な感じでしょうか？」

「ま、考え方はそんな感じだね。先物取引に水はないけど」

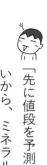

「なるほど……」

「ちなみに将来の、ある一定の期日が来る前に、反対売買の『転売』『買い戻し』をすることで、取引を終了させることもできる。で、やっぱりＦＸや信用取引と同様に、レバレッジをきかせられるところに、大きな特徴がある（**図㉖**）」

「これも少ない資金で大きな取引ができるんですか？」

「そう。取引金額総額の数パーセント程度の金額を支払って、取引ができるんだ」

「相場の動きが予想通りだと」

「大儲けできる」

図㉖　先物取引の仕組み

先物取引

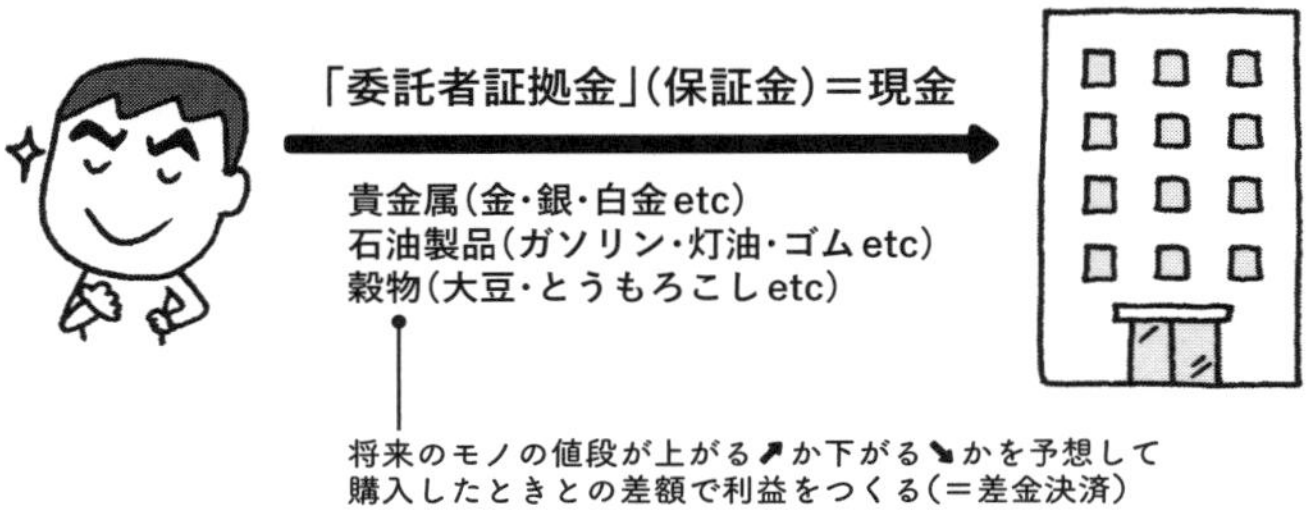

【例】委託者証拠金15,000円で1缶100ℓ入り(1ℓ150円)のガソリンを10缶(1000ℓ)買った場合

・150円×100ℓ＝1缶当たり15,000円、15,000円×10缶＝150,000円

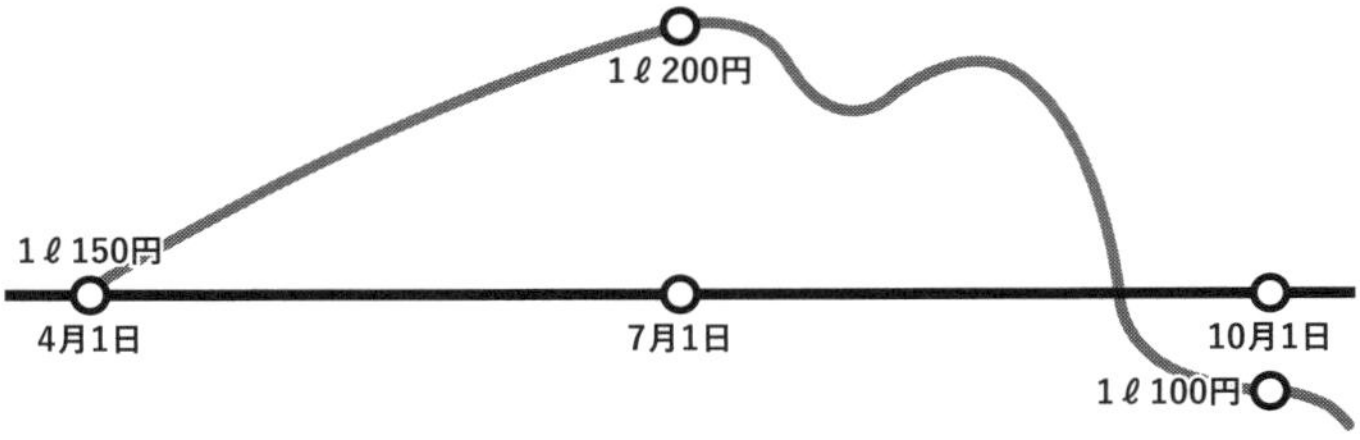

7月1日で売った場合

20万円－15万円

＝5万円 UP

10月1日で売った場合

10万円－15万円

＝－5万円 DOWN

レバレッジをかければ、自己資金15万円以上の取引もできる

「でも、予想に反した動きだと……」

「大損する。投資資金がゼロになるどころか、新たな資金の投入を求められます。これは信用取引と同じだね」

「これも、素人が手を出したらいけないですね」

「そうだね、Mさんは絶対やめておいたほうがいい」

ちょっと待った！　銀行に騙されるな

「江上さん、一度頭のなかを整理したいんですが、金融商品を選ぶ際には、『リスクとリターンの関係を見る』。そして、手数料や税金などの『支出をなるべく減らす』、この2つが重要なんですよね？」

「そうだね。しかも、手数料に関しては、いま、銀行では投資信託、外貨預金、保険など金融商品の販売に力を入れている。なぜかわかる？」

「全然わかりません」

「手数料を取れるからだよ」

「なんでそんなに手数料がほしいんですか？」

「ひと言でいえば、儲かるから」

「えっ？　手数料がですか？　そういえばボクも銀行で、保険を勧められたことがありますけど、それも手数料が目的なんですかね？」

「もしかしたらね。販売手数料はビジネスとしてプラスが大きいんだ」

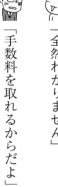

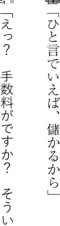

「へー。銀行ってボクらに身近な場所だし、証券会社のようなガツガツしたイメージがないんですけど」

「いやいや、それは見かけだけ。本当は羊の皮をかぶったオオカミみたいなもんだよ。実際、銀行で販売されている投資信託って、販売手数料や信託報酬が高いからね。ネット証券で買ったほうがお得だよ」

「でも、素人だと、何がいいかわからないから、どうしても専門家の説明を聞きたくなっちゃうんですけど……」

「銀行窓口の担当者だって、決して金融知識に明るいわけじゃないよ。むしろ、いまは、いかに金融商品を販売するかに必死だから。Mさんなんか格好のえじきにされちゃうかも」

「それはイヤです……。そもそも銀行が必死になる必要あるんですか？」

「だって銀行は金利の低下で、収益源だった利ざやが縮小している。その穴埋めで、いま手数料が重視されているんですから」

「手数料って、ボクらが払っているものですか?」

「厳密には、証券会社や保険会社などが銀行に支払うんだけど、その原資は、契約者が支払うお金からまかなっている。つまり、契約者にツケがまわってくる構図になっているんだ。そのあたりの背景は業界で25年以上いるから、よくわかるんです」

「でも窓口の人を見ると、みんなすごくデキる人間に見えるし、騙そうとしているようには見えないんですよね」

「でも、それはイメージだからね。それに、何度も言うけど、彼らは必ずしも金融知識に明るくないし、商品知識だって詳しくない」

「江上さんが少し厳しめに見ているだけじゃないんですか？」

「そんなことはないよ。これも前に説明したけど、金融商品を販売するには、通常、お客様の話をよく聞いて、ニーズをくみ取らなきゃいけない。そのうえで、中立公平でお客様の生活に合ったふさわしい金融商品を選び取ってオススメするっていうのが王道なんだ。でも、そんなことをやっている銀行員がいると思う？」

「ん〜、プロのＦＰでも知識のある人は少ないっていうことであれば、知らない人のほうが多いですよね。でも、それで販売できるんですか？」

「商品を売るテクニックは身につけているからね。それにテクニックを磨くのはどこの営業マンだってそうでしょ。もちろん、お客様のニーズに合った商品を販売できていれば問題ないんだけど、実際は、そうならないことも多い。でも、彼らはそんなこと一向に構わないんだ」

「どうしてですか？」

「だって、銀行にはちゃんと手数料が入るじゃない。それで彼らの目的は達成しているんだから。いまやっと、金融庁の方針を受けて、大手銀行を中心に手数料の開示が進んでるけど、その割合は銀行によってバラバラ。個人的には銀行で金融商品を買うのはオススメできないな」

「じゃあ、どうすればいいんですか……」

「やっぱり各商品の特徴に通じたＦＰに聞くしかないね。たとえば保険商品だと、その商品の特徴、予定利率、実績などをよく理解しているか見極めてだけど」

「変額保険ならどこがいいか、みたいに？」

「そうそう。詳しく質問して、スムーズに答えられたら、とりあえず合格だね」

¥「NISA」っていったい何がすごいの？

「金融商品と関係あるかわからないんですが、あれこれ調べてると、NISAっていう言葉を、よく目にするんですが……。これって何ですか？」

「**NISAっていうのは、制度の名前。正しくは『少額投資非課税制度』。**要は**配当金・売却益の税率が、本来の約20%が0%になるという制度**」

「つまり、税金が一切かからないと？」

「そういうこと。運用に関する支出で、最も大きいものは税金だから、これが非課税になる意義はとても大きい」

「どんな商品が買えるんですか？」

「いまのところは**年間120万円を上限として、株式、投資信託、不動産投資信託（REIT）、外国株などを購入できる。**国債や社債、保険商品、FX、商品先物などは購入できない」

「手数料はかかるんですか？」

「商品によるかな。**投資信託の買付手数料、信託報酬、株式の売買手数料は必要**です。ほかに1人1口座などの条件があります」

「お金を増やすためには、やったほうがいいんですよね……」

「もちろん、やってみる価値は、大いにあるよ」

「でも、なんだか複雑そうですよね……。ボクみたいな素人が、気をつけるべきことって何かあるんですか？」

「**ＮＩＳＡとしての運用期間は5年と決まっている。**5年間のなかで、**株式や投資信託を売却して利益が出た場合には、その売却益は全額非課税になるんだけど、5年を過ぎると課税口座に移されてしまう（図㉗）**」

「じゃあ、課税口座で売却益が出たらどうなるんですか？」

「それは課税の対象になるね。しかも、**ＮＩＳＡは、売却のチャンスは一度きり。**つまり、**5年以内で、いつ売却するかというタイミングも重要**なんだ」

「なるほど。たとえば、どんな商品を購入するべきですか？」

「せっかく非課税になるんだから、大きく値を上げそうな商品にチャレンジするのは手かもね。もちろん、自己責任だけど」

図㉗　NISAの特徴

投資対象	国内外株式、投資信託、不動産投資
非課税枠／期間	年間120万円まで／５年間
投資総額	600万円（＝120万円×５年間）
制度期間	2023年までの10年間（2027年終了）
資格者	満20歳以上の国内在住者／１人１口座

もし、100万円の利益が出た場合……

NISA以外の口座

税金
100万円×20.315％
＝20万3150円

100万円－20万3150円
＝79万6850円

約20万円以上も

NISAのほうがお得！

NISA

年間120万円まで非課税
100万円

2018年1月以降に「積立NISA」導入予定？

年間投資／非課税期間	上限40万円／20年

「でも投資って、長期運用が大事なんですよね？　5年間という期限は少し短くないですか？」

「いい指摘だね。じつは、それ、金融庁もすごく意識してることなんだ。5年だと株価の変動なども激しいし、安定的な資産形成が難しいからね。そこで、２０１8年1月に新たに年間投資上限40万円、非課税期間20年の「積立ＮＩＳＡ」の導入が予定されている。実際、与党の２０１７年度税制改正大綱にも明記されたんだけど、具体的な制度設計はこれからだから、最新の情報は常にチェックしておいたほうがいいね」

「年間40万円ならボクみたいな若者もチャレンジできますね。でも、江上さん、気になることがあります」

「ん、急にどうしたのさ？」

「とてもいい制度に見えるんですが、なんで国はこういう制度をつくったんですか。何か裏があるような気が……」

「ああ、なるほど。これは貯蓄から投資へ、という大きな流れに沿った政策といえるだろうね」

「つまり、もっと投資しろよ、ということですか？」

「そう。日本人の金融商品のなかで、預貯金の割合が大きかったのを覚えてる？　あれを投資にシフトさせようとしているんだ」

「それはボクらに自分たちでお金を稼ぐ力を磨けっていうことですか？」

「うん。とくに若い世代にマネーリテラシーを身につけさせたいというのが本音だろうね。ま、良い制度であることに間違いはないから、活用すべきだよ」

4限目
具体的に、金融商品の特徴を教えてください

ポイント

- 「預金」と「国債」はローリターン。ただ、「国債」のほうが安全性は高い

- 「投資信託」は分散投資に適した商品。販売手数料、信託報酬がかかるが、ネット証券を利用したり、インデックスファンドを購入すれば、「支出」を下げることもできる

- 金融商品を買う場合には「税額」に気をつける。配当金・売却益が非課税になる『ＮＩＳＡ（少額投資非課税制度）』がオススメ

- ハイリスク・ハイリターンの金融商品は、大儲けできる可能性があるが、資産を失う危険性も極めて高い。素人は手を出さないほうが無難

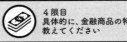

5限目

将来の「不安」は
コレで解消できる

¥ 老後の漠然とした不安に押しつぶされないために

「江上さんのおかげで、なんだか不安が軽くなった気がします」

「それはよかった。収入を上げて、支出を下げる。そしてリスクに備えながら、適切に運用すれば、お金は着実に増えていくはずだよ」

「ただ、老後のことまで考えると、まだまだ不安なんですが……」

「それはまたどうして？」

「だって、年金はもらえるかわからないし、老後破綻なんていう言葉もあるじゃないですか……」

「たしかに老後の生活が苦しくなるのは避けたいね」

「……ですよね」

「でも、週刊誌やテレビの報道に踊らされて、嘆いていても仕方ないからね」

「そうはいっても……」

「まずは、数字で考えることだね。漠然と不安ばかり抱えていても、解決にはつながらない。Mさんは老後、どれくらいのお金を必要としているの？」

「どれくらい必要なんだろ……。考えたこともありません」

「それじゃダメでしょ」

「ですよね……」

「考え方はシンプルだよ。月々の生活費×12カ月×あと何年生きるか」

「あと何年生きるかって。死期を想定するんですか？」

「当たり前じゃない。だって老後の資金って、要は死ぬまでにいくらのお金が必要なのかということでしょう。合理的に考えないと」

「でも、あと何年生きるかなんて、わからないですよ」

「じゃあ、1つの基準として平均寿命で計算してみようか。夫婦だと、たいてい奥さんのほうが長生きするから、女性の平均寿命までのお金を用意できれば、まずはひと安心としよう。女性の平均寿命はわかる？」

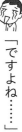

「80歳ぐらいですか？」

「それは男性（80・79歳）。女性は87・05歳」

「じゃ87歳に月々の生活費をかけるとして……。一般的にひと月どれくらいの額が必要になるんですかね？」

「あくまでも**平均の老後生活費からの算出だけど、最低で26万円、ゆとりある生活で38万円**といわれています」

「じゃあ、仮に60歳で定年してからの27年間で考えると、38×12×27＝12312……。……えっ！　1億円以上じゃないですか」

「でも、まだまだ時間があるし、複利でコツコツ運用すれば……」

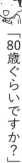

「……とはいえ、1億円って」

「全然、不安になることはないよ」

「いや、不安になりますって……。さすがに1億円は貯められませんよ」

「まぁまぁ、これにも続きの話があるから……」

「(えー……)」

人生計画に基づいて、必要な老後資金も考える

「あのね、まずわかってほしいのは、この数字を参考にしながら、自分ならではのライフプランを練ってほしいということなんだ」

「……どういうことですか？」

「だって、ゆとりある生活の38万円って、あくまでも一般的な尺度だから。必ずしもその額である必要はない……」

「はぁ……」

「あの数字はおそらく都会での暮らしを想定している。さらに、賃貸か持ち家かでも変わってくるし」

「まぁそうですけど……」

「私なら、郷里の天草に帰れば、お金なんてほとんど必要ない生活ができる。釣りをして、野菜を自分でつくって、空き家がいっぱいあるから家にも困らない。視野を広く持てば、解決できちゃうでしょう」

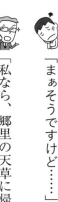

「でも、ボク、家を持っちゃってるんですけど……」

「老後になれば、住宅ローンも払い終わってるでしょ。ということは、住居費はほぼゼロ。それを踏まえて、どう生きるかを考えればいい」

「必死に仕事をして、やっと人生楽しむぞ、というときにお金がないなんて……」

「まぁ聞きなさい。不安になる必要がないと言った理由は、まだある。年金を考慮していないでしょう」

「だって、年金をもらえるかどうかが、いちばん不安ですよ……」

「年金自体はなくならないよ。もし年金がなくなるとしたら、日本もなくなってるんじゃないかな」

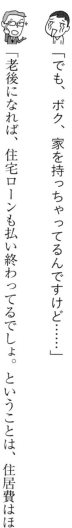

「……じゃあ、ボクも年金の恩恵を受けられるって、信じていいんですかね……」

「あくまで目安で聞いてほしいんだけど、仮にいまの制度が継続するとして、夫がサラリーマンとして勤続40年、妻が専業主婦として40年暮らした場合、月に夫婦で23万円の年金が支給される。で、都会でゆとりある生活をしようと思ったら、毎月15万円不足するから、その不足額を用意すればいい」

「15×12×27で4860万円。それでも額が大きいんですけど……。だって仕事を辞めてるんですよ」

¥ 働き続けることで、お金の不安から解放される

「いやいや不安になる必要がないといった大きな理由は、Mさん、引退しなければいいんですよ」

「えっ？」

「ずっと働き続ければいい」

「……正気ですか？」

「むろん正気」

「いやいや、またムチャクチャな……」

「別にムチャではないよ。だってMさん、そもそもあなたが持っているもののなかで、最も価値が高い資産は何だと思う？」

「えっ……。やっぱり自宅ですかね。ローンを含めて数千万円の買い物ですから」

「そう思うよね、でも、それは違います。最大の資産はMさん自身です。家なんか、年数が経つほど価値は下落するけど、Mさんは、今後、どんな価値を生むのかわからない。最大の可能性を秘めているのが、Mさん自身なんです！」

「えっ、なんで急に熱血教師みたいになってるんですか……」

「いやいや、これはとても真面目な話。前に自己投資の大切さを話したよね。スキルや知識を高めるために、自分磨きをしたほうがいいと。これは結局、**自分自身の価値を高めることが、収入を上げることにつながる**からなんです」

「でも、身体だってガタがくるし、働くのもしんどくなりませんか」

「そこは大丈夫。いまの高齢者を見ればいい。昔よりも、ずっと元気です。そしてこれからの高齢者は、もっと元気になるはず」

「たしかに引退するよりは、社会の役に立っているほうが楽しいでしょうけど……」

「実際、Mさんたちはいい時代に生まれたんだよ」

「え、ボクらなんか社会保障でも何でも、いちばんワリをくってる世代ですよ」

「でも、もっと上の世代はみんな60歳で定年だからね。働き続けたいと思う人にとっては、総じてつまらない老後だよ」

「それはつまり、ボクらの世代は、定年後も働けるからいいじゃないか、ということですよね」

「うん。だって、社会が慢性的な人手不足に陥ることは確実だから、ニーズはずっとある。Mさん自身が健康であれば、いつまでも働ける。生涯賃金だって、定年退職した人より、Mさんたちのほうが多く稼げるんだよ（図㉘）」

図㉘　生涯賃金の差はこんなに違う

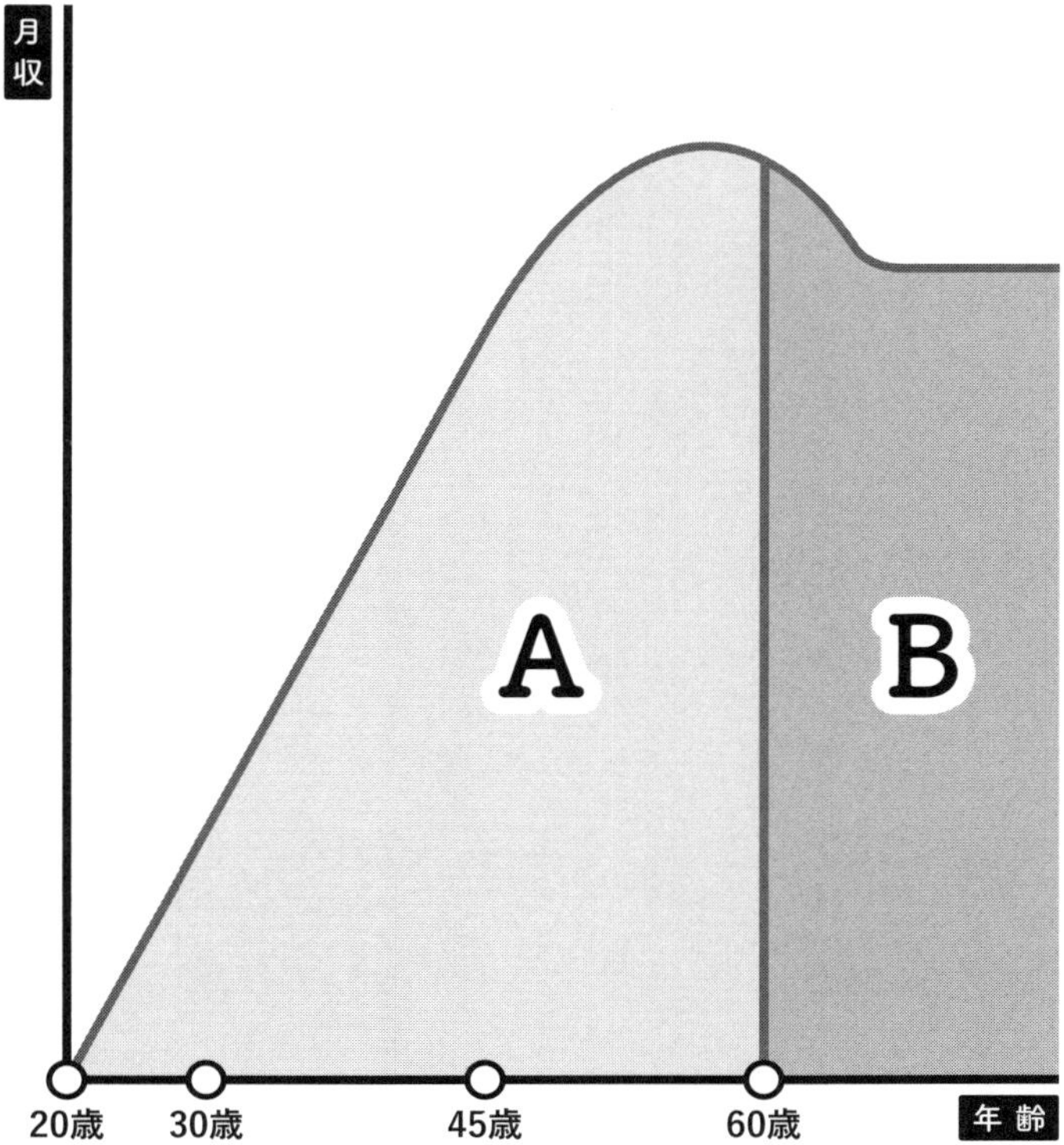

定年退職してしまう人は
Aの面積までしかお金を稼ぐことができないが、
定年以降も働ける人は
A＋Bの面積分だけお金を稼げる

「でも、健康だから働けるっていわれても……。働き続けるためには何が必要か、もっと具体的な説明がほしいです」

「そうだね。そのヒントは『LIFE SHIFT（ライフ・シフト）』（東洋経済新報社）という本のなかにあるよ。これはロンドン・ビジネススクールの教授２人が書いた本で、彼らは必要な能力を、『見えない資産』と定義している」

「見えない資産？」

「そう。『無形資産』という言い方もあるけどね。つまり、**『有形資産』と『見えない資産』の両方を追求していくことが、いちばん大事なんです**」

「？？？」

「たとえば、老後のために、できる限りの額をコツコツと運用して用意する。一方で、いつまでも働き続けるために、『見えない資産』を築いていく。能力とか、知識とか、人脈とか。これが『無形資産』ね」

「もっと具体的に教えてほしいです」

「じゃあ、『目に見える資産』、『有形資産』から説明しましょう」

¥ 有形資産を築く切り札、「確定拠出年金」

「有形ってことは形が有る資産ですから、お金をつくるということですか？」

「そう。老後の資産形成で、じつはとっても有利な制度がある」

「制度？　ＮＩＳＡですか？」

「老後の資産形成という点では、ＮＩＳＡよりもすぐれている」

「えっ、何ですか？」

「個人型ＤＣだよ」

「ディーシー？　クレジットカードの名前ですか？」

「いやいや、正しくは『**個人型確定拠出年金**』。政府は『ｉＤｅＣｏ（イデコ）』という愛称で、大々的に普及させようとしてるけど」

「確定拠出年金だったら聞いたことあります。それが何なのかはよくわからないですけど……」

「DCは国民年金や厚生年金などの公的年金に上乗せして、給付を受ける私的年金の1つです」

「??」

「……いきなりそんなことを言っても、わからないよね」

「さっぱりわかりません」

「じゃあ、年金制度についておさらいしましょうか。Mさん、さっそくだけど、年金の種類を言ってみて?」

「種類……」

「まずは『公的年金』があるよね。サラリーマンは厚生年金、公務員は共済年金、自営業者は国民年金に加入する」

「（そういえば、そんなのがあったような……）」

「そのほかに、『企業年金』もある。生命保険会社が販売する、『個人年金保険』もあるけど、それを加えると話がややこしくなるから、今回は省いておこう」

「つまり、『公的年金』と『企業年金』の2種類がある、と」

「そう。かつて多くのサラリーマンは、『公的年金』のほかに、『企業年金』ももらっていた。これが『確定給付型年金』と呼ばれてるんだけど、知ってる？」

「聞いたことがあるような気も……。どういう仕組みなんですか？」

「社員の給料から一定額を天引きして、積み立てして、企業はそれを原資に運用する。で、これを給付金に充てていたんだ」

「でも、運用に失敗したら、どうするんですか？」

「支給額は、事前に約束事として決まっているから、たとえ運用に失敗しても、会社が補うことになってる」

「へー、会社としてはリスクですね」

「そうそう。さらに、これだけの低金利だと、予定通りの利回りで運用するのが難しくなってきた。そこで出てきたのが『確定拠出年金（ＤＣ）』。２００１年に『確定拠出型年金法』が施行されて、ＤＣに移行する企業も増えてきました」

「結局どういう仕組みなんですか？」

「簡単に言えば、自分たちで運用して年金を確保してください、という仕組み」

「え……自分たちで運用するんですか？」

「この制度に入ればね。金融商品も自分で決めなければいけない」

「まさに、自己責任の世界ですね」

「そう。もはや、われわれは投資・運用から逃げられないということです」

「それはシビアですね……」

「そうだね。ちなみに**ＤＣには、『企業型ＤＣ』と『個人型ＤＣ』の２種類がある。企業型ＤＣは企業が掛け金を支払って、加入者（従業員）が運用する。**さらに、企業が負担する掛け金に、加入者も上乗せできる」

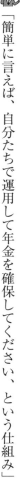

「どれくらいのお金を、運用できるんですか？」

「拠出金、いわゆる**掛け金は、確定給付型の年金を実施していない場合は、月額5万5000円、確定給付型の年金を実施している場合は、月額2万7500円**が上限です」

「じゃあ、個人型ＤＣというのは？」

「**個人型ＤＣは掛け金を加入者自身が出して、自分で運用する。自営業者は月額6万8000円、確定給付型の年金を実施していない場合は月額2万3000円**が上限です」

「いろいろ分かれてるんですね」

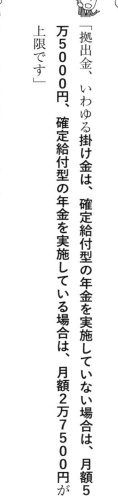

「これまでは、自営業者と、企業年金や企業型ＤＣの制度がないサラリーマンに限定されていたんだ。でも、最近は加入対象が広がって、公務員や専業主婦なども加入できる。実質的に、すべての人が利用できるようになったといえるね」

最大のメリットは掛け金の所得控除

「あのー、いろいろ説明してもらって申し訳ないんですが、結局のところ、ＤＣは何がいいんですか？」

「まず、掛け金が所得控除の対象になる、つまり**税金が安くなる**」

「え、安くなるんですか？　どれくらいですか？」

「じゃあ具体的に考えてみようか。Ｍさんの会社には企業型ＤＣの制度がある？」

「よくわかりません……」

「じゃあ、Ｍさんの会社では企業型ＤＣを導入していないとして、これから個人型ＤＣをやってみる。これを前提に考えていこう」

「お願いします」

「本来、Ｍさんの年収なら、所得税・住民税は20％納めなければいけない。でも、**月額２万３０００円の運用を毎月行うと、年間５万５２００円分の節税効果がある。つまり35～60歳まで25年間で１３８万円が節税できる**んだ（図㉙）」

「そんなに税金が安くなるんですか？」

「メリットはそれだけじゃない。**ＮＩＳＡ同様に、運用中の値上がり益、そして利息や配当も非課税**となります」

「すごい、それはお得ですね！」

「しかも、**DCの給付金を受け取る場合にも、控除が受けられます。**一度に受ける場合は『退職所得控除』、年金として受け取る場合は『公的年金等控除』を利用できます」

「つまり、これも税金が安くなる？」

「圧倒的に安くなる」

「それはすごいですね」

「ただ、さっきも触れたけど、自分で運用することが条件の1つ。運用を失敗すれば、老後の資金が目減りしてしまうんだ」

図㉙ 「企業型DC」と「個人型DC」の違い

	企業型DC		個人型DC	
確定給付型年金	ある	なし	なし	自営業
掛け金を出す人（拠出者）	企業		加入者（従業員）	
拠出月額（年額）	2万7500円（33万円）	5万5000円（66万円）	2万3000円（27万6000円）	6万8000円（81万6000円）
受給資格	原則60歳			

メリット① 所得税・住民税の控除となる

M編の給料 240,000円 － 掛け金（毎月）23,000円 ＝ 残り217,000円に課税される

所得額と住民税が安くなり、年間5万5200円ほどの節税効果がある！

メリット② 運用した分の利息や配当も非課税

投資信託で20万円の利潤が出た!!

確定拠出年金 → **いつまでも非課税！**

通常 → 200,000円×20.315％＝40,630円が税金で引かれる

「覚悟がいりますね」

「うん。もしそれが怖ければ、リスクの少ない商品に投資すればいい。毎年、節税をしながら、将来のお金を貯蓄するという認識でもいいんじゃないかな」

「転職したときには、どうなるんですか？」

「一定の要件を満たせば、離職したり、転職したときにもＤＣの資産の持ち運びができます。企業にとっても、掛け金の追加負担が生じないので、将来の掛け金負担の予測が容易に行えます。さらに、とても重要なポイントだけど、**原則60歳にならないと、引き出すことができません**」

「えっ、それを先に言ってくださいよ。じゃあ、急にお金が必要になっても……」

「ダメ、引き出せない」

「えらい人に必死に頼んでも?」

「認められない」

「えー……」

「豊かな老後生活を実現するための制度だから、仕方ないね。あと、勤続期間が3年未満の場合、資産の持ち運びができない可能性がある。こういうデメリットを頭に入れておく必要があるけど、それでもメリットのほうが断然大きいから、ぜひ加入したほうがいい」

「確定拠出年金」に加入するためには?

「加入するときには、どうすればいいんですか?」

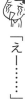

「金融機関を決めて申し込めばいい」

「ということは、みずほでも三菱ＵＦＪでもいいってことですね。加入するのにお金はかかるんですか？」

「うん。**加入時に２７７７円、信託銀行に毎月64円、掛け金を払うと月額１０３円。金融機関に手数料も支払わなければいけない。**これは金融機関ごとに違うけどね（図㉚）」

「やはりネット証券がいいですか？」

図㉚ 「確定拠出年金」に加入するために

申込窓口	各金融機関 （銀行・ネット銀行・証券会社 etc）
初期費用	•2,777円（国民年金基金連合会） •64円（信託銀行）
掛け金を払う人	•103円（国民年金基金連合会）
金融機関への運営管理手数料	各金融機関により異なる

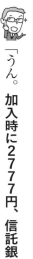

「手数料が安いからね。大手なら、ＤＣ向けの品ぞろえが豊富で、購入手数料が安いものもあるよ」

¥「見えない資産」をつくるためには？

「老後はＤＣで大丈夫だとして、『見えない資産』はどうすればいいんですか？いまいち何をどうすればいいか、わからないんですが……」

「『LIFE SHIFT』には、『生産性資産』『活力資産』『変身資産』の３つを『見えない資産』の代表例として挙げている」

「それぞれ、どういうものなんですか？」

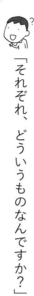

「『生産性資産』とは、仕事で実績を上げたり、所得を増やしたりする要素のことです」

「つまり……？」

「『スキル』や『知識』だね。さらに、私はそこに『人脈』を加えます。これは持論だけど、結局のところ、仕事がうまくいくかどうかは、『成功者との癒着』がものをいうから」

「癒着って……、何かあくどい感じがありますけど」

「それは誤解だよ。だって、ビジネスで成功するためには、すでに成功している人たちの仲間に入らなければいけないということだよ」

「そういうものなんですか？」

「もちろん。だから、成功者に認められるためにも、自己投資が欠かせないというわけ」

「なるほど」

「次が『活力資産』です」

「これはどういうものですか？」

「肉体的・精神的な健康と幸福を指しています。具体的には、自分の健康、家族も含めた人間関係のことだ」

「ライフプランにある『やりがい』や『健康』に近い考えですかね？」

「そうだね。前にお金が目的になってはいけないと強調したけど、やっぱり心身ともに良い状態を保って、人生を楽しまないと、生きている意味も、仕事で成功する意味もない」

「そうですよね。病気になったら遊べないし、気持ちがふさぎ込んでたら何のために働くのか、生きるのか、わからなくなるでしょうね……」

「だよね。そして最後が『変身資産』だよ」

「ほかの2つに比べて、少し意表を突く名前ですね」

「うん。たとえば、人間って、いろいろな経験をしたうえで反省したり、分析したりを繰り返して、いまの自分があるよね。つまり、変わらない人はいないということ。誰もが常に変身しているわけです」

「たしかにボクも結婚して、子どもができてから、仕事への意気込みや人生観が変わりました」

「『LIFE SHIFT』では『自分についてよく知っていること、多様性に富んだ人的ネットワークを持っていること、新しい経験に対して開かれた姿勢を持っていること』を、変身資産の要素として挙げている」

「人的ネットワーク……。人脈や人間関係のことですね。たしかに実績を上げるために人に助けてもらったり、新しいことにチャレンジして成長していきますよね」

「人から教えられることって多いよ。私もいまの自分があるのは、たくさんの人の助けがあったから。いろいろなメンターに育ててもらった、という思いが強くある」

「江上さんもそうなんですね」

「もちろん。世の中に関心を持ち、自分はどうすれば貢献できるか、人のためになるか、という気持ちを持ち続けることが大事だね」

「この3つの資産を持てれば、ずっと働き続けられるということですか？」

「間違いない。必ず世の中が放っておかない人間になる。**有形資産をつくるためには、『コツコツの長期運用』が重要だったけど、見えない資産をつくるためにも、長期にコツコツと努力しなければいけない**」

「何事も継続なんですね」

¥ 「家族会議」でマネープランを練り直す

「最後に、ぜひMさんに、オススメしたいことがある」

「何ですか？」

「『家族』を自分の力に加えること。これを心がけてほしい」

「家族ですか？」

「そう、お金に関する悩みや不安を、家族で共有するんだ。だって、Mさんは、家族の幸せのためにお金を得たいし、使いたいんでしょう」

「そうです」

「じゃあ、Mさんばかり悩んでも仕方がないよね。家族が将来、どんな生活を望んでいるのか。子どもたちはどんな夢を持っているのか。そのためにどのくらいのお金が必要なのか。老後の生活はどうするのか。聞かないとわからない」

「言われてみれば、家族の意見って聞いたことがないかもしれません」

「家族みんなで意見を出して、ルールを決める。そしたら、みんなで守ろうという意識が強くなるでしょう。家族の絆も深まるよ」

「でも、お金の不安や悩みって、あまり子どもに聞かせたくないですよね……」

「それは違うよ。**日本人は、お金の話をすると、『お金＝汚いもの』というイメージを持ちがちだけど、お金は家族の幸福をつくるためのもの**なんだから。それをつくっていくプロセスも、みんなで共有しないと」

「たしかに言われてみれば隠すべきことじゃないですよね……」

「日本人って、お金の知識があまりにもないでしょう。だから現実感をもって、対処できない。その挙句、詐欺に遭ったりしている」

「ですね……」

「それはなぜか、わかる？　親が、お金のことに触れさせないようにしたからだよ。だから子どもにマネーリテラシーが身につかない」

「たしかにボクも両親から、あまり学びませんでした」

「だから、後先を考えずに、自宅を買ってしまって苦労している」

「そんなはっきり言わなくても……」

「マネーリテラシーがあれば、どうやってお金を得るべきか、働き方はどうあるべきか、『生きる力』を得ることにもつながります」

「江上さんが言う、マネーリテラシーって、金融知識だけの話じゃないんですね」

「もちろん。お金は、生きることに直結するんだ。日々、子どもたちとお金のことを話題にする。子どもたちの意見に耳を傾けて、奥さんの希望も聞く。そのきっかけとなる家族会議って、とっても大事だよ」

「江上家でも、家族会議は行っているんですか？」

「しょっちゅうしているよ。娘の学費、大学の費用なんかも堂々と話題にしてね。えげつないと思う人もいるかもしれないけど、そこを避けたら子どもたちもまともな大人にならない。だから、あえて家族会議を実践しているよ。Mさんの家でもやってみなよ。みんなで考えを共有するだけでも、将来の不安が一つ減るよ」

「そうですね。少し勇気がいるけど、やってみます。子どもたちにも『生きる力』を学んでほしいですもんね」

5限目
将来の「不安」は
コレで解消できる

ポイント

- 老後資金は、「月々の生活費×12×平均寿命」で試算できる
- 60歳定年を前提とした考え方はやめる
- 「有形資産」と「見えない資産」の両方を追求することが老後の備えになる
- 有形資産を築くために「確定拠出年金」を利用するべき。掛け金の税額控除が認められるほか、配当金・売却益も非課税になる。ただし、運用に失敗すれば、給付額は減る可能性もある
- 「見えない資産」をつくるためには、仕事上のスキルや知識、肉体的・精神的な健康、人間関係などが欠かせない
- 家族でお金のことについて話し合う機会、「家族会議」を積極的に開く

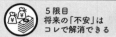

あとがき

江上治から読者の皆様へ

編集担当のMさんがここまで自分をさらけだしてくれたので、この場を借りて私も皆さんに告白します。

じつは私も最近まで、「お金のことが不安でした」。

世間では〝プロのFP〟といわれる私でさえ、45歳になるまでお金のことがわからず、いつも「収入」ばかりを気にかけていました。

いまでも鮮明に覚えていることがあります。

あるとき私のお客様で、メンターともいえる方にこう言われました。

「江上くんの資産って何?」

本書の中の、私とMさんのようなやりとりがあったのです。

ただ、当時の私はその質問に答えることができませんでした。
サラリーマンだった頃は、恵まれた環境の会社に勤めていましたし、年収は30歳過ぎで1000万円を超えていました。お金に困ることはなく、「収入」ばかりを気にしていたので、「資産」について考えたことさえありませんでした。
ですが、サラリーマンを卒業して、独立すると、途端にお金の不安に襲われました。いつ収入がなくなるかわかりませんし、これからの自分の人生をどう生きていけばいいかわからなくなっていたのです。

そんな最中の質問です。
問いに答えられない私を見て、その方は言いました。

「君が周りの人を豊かにしたければ、君自身が豊かになるしかない」

発言の真意がわからず、困り果てていると、そのメンターの方は丸3日をかけて、私に豊かになる方法を教えてくれました。

まさに本書の中の、私とMさんとの関係というのが、10年前の私とメンターとの関係でもあったのです。

本書で「お金持ちは『資産』を気にかける」という言葉がありますが、私自身この言葉の意味がわかるようになってきたのが45歳過ぎ、つい最近になって、ようやく実感できるようになりました。

おそらく本書をお手に取っていただいた方の多くが、Mさんのようにお金の不安を抱えていることでしょう。住宅ローンや教育費、親の介護、自分たちの老後などを気にかけているはずです。

しかし、何の心配もありません。

なぜなら、私でさえも、つい最近まで、お金のことがわからず不安だらけでした。そして、それでもお金に困らなくなる方法を教えてもらうことで、この不安を解消することができたのです。

私は、不安を解消するには「3つのこと」が大事だと考えています。

1つ目は「ライフプランを決めること」です。

本書で説明しているように、いくらお金を稼ぎたいかではなく、自分の生き方の軸を決めること。

何を目的に生きていくかを決めるということです。

2つ目は、「知識を身につけること」です。

なぜなら、資産を築くいちばんの投資というのは、「教育」だからです。

現にすぐれたお金持ちほど、子どもに「お金」を残すのではなく、教育という「資産」を残しています。日本には「お金」に関する授業がありませんが、アメリカには、中学生から起業家を育成する授業があります。

日本にそういう文化がないのであれば、ぜひ皆さんも自分自身で「お金」とは何かについて勉強してください。

そして、3つ目は「メンターを持つこと」です。

私自身もメンターによって救われました。

もしあのとき、質問をしてお金の本質に気づかせてくれなかったら、いま頃、私は路頭に迷っていたかもしれません。

ですから、皆さんも自分の生きる指針となる人、自分が困ったときに助けてくれる人を持てば、人生が豊かになると思います。


この本はただ「お金を増やすこと」が目的ではありません。

皆さん自身がどうやって生きていくか、どうやって働いていくかを見つめ直すためのものなのです。


私自身、さきのメンターをはじめ、多くの方に支えられてきました。

だからこそ、私も自分が助けてもらったことを思い出して、多くの方の役に立ちたい、恩返しをしたいというのが、この本をつくった大きな動機でした。

お金の不安をなくしたいという方は、まず自分自身の「ライフプラン」をつくってみてください。

下記に私やMさんが使ったライフプランの作成シートをダウンロードできるようにいたしました。

http://special.asa21.com/special/lifeplan/

ぜひ、この本を活用して、皆さんがお金の不安を解消できれば、著者としてこれ以上の幸せはありません。

江上治

２０１７年3月

お金を確実に増やすために、
ライフプラン作成シートをダウンロードしよう
http://special.asa21.com/special/lifeplan/

著者紹介

江上　治（えがみ・おさむ）

1億円倶楽部主幹
株式会社オフィシャル代表取締役
有限会社佐多会計事務所顧問
株式会社 T.F.K 顧問

1967年、熊本県天草市生まれ。有名スポーツ選手から経営者まで年収1億円を超えるクライアントを50名以上抱える富裕層専門のカリスマ・ファイナンシャルプランナー。

会社員時代には大手損保会社、外資系保険会社の代理店支援営業において、新規開拓分野にて全国1位を4回受賞し、最短・最年少でマネージャーに昇格を果たす。

自身が所属した組織もすべて全国トップの成果を挙げる。

起業後は、保険営業を中心としたFP事務所を設立。

人脈ゼロ・資金ゼロから1,000名を超える顧客を開拓し、これまで新規に獲得した保険料売上は600億円超に達する。

コミッションは創業3年で業界平均の約5倍、社員3名で1億円を超え、なおも記録更新中。指導した部下は全国7万人のセールスの中でベスト5に2回入賞。中小企業のコンサル業務を展開し、サポートした企業の売上が1年で8倍増になるほどの成果を挙げている。

著書に『年収1億円思考』『運命転換思考 一生かかっても身につけたい5つの「働き方」改革』（経済界）、『プロフェッショナル ミリオネア―― 年収1億を生む60の黄金則』（プレジデント社）など多数。


給料《きゅうりょう》が上《あ》がらなくても、お金《かね》が確実《かくじつ》に増《ふ》える方法《ほうほう》を教《おし》えてもらいました。　〈検印省略〉

2017年　4　月 23　日　第　1　刷発行

著　者――江上　治（えがみ・おさむ）
発行者――佐藤　和夫

発行所――株式会社あさ出版

〒171-0022 東京都豊島区南池袋 2-9-9 第一池袋ホワイトビル 6F
電　話　03 (3983) 3225 (販売)
　　　　03 (3983) 3227 (編集)
F A X　03 (3983) 3226
U R L　http://www.asa21.com/
E-mail　info@asa21.com
振　替　00160-1-720619

印刷・製本　(株) 光邦

乱丁本・落丁本はお取替え致します。

facebook　http://www.facebook.com/asapublishing
twitter　http://twitter.com/asapublishing

ISBN978-4-86063-967-9 C2034